LA R

El Camino a la Transformacion

Rocío Y. García Suárez

Dedicado a América, Martín, Carmen, Mafer,
José, José Manuel(qepd), y José Rafael (qepd)

LA RENOVACIÓN

ISBN: 9780615816692

1ª Edición, Abril 2013
2ª Edición, 2020
Puerto Rico

Rocío Y. García Suárez
www.rociogarciasuarez.com

Diseño de Portada
María Fernanda De Lucca García

Diagramación
José Perdomo Peña (qepd), 1ª Edición, 2013
Carmen Lebrón, 2020

Desde la nube de sus pensamientos, Giselle decretó lo que sería su vida en los próximos minutos: ahora, llego a casa y Julián estará insoportable como de costumbre, pensó. En ese instante, recordó que debía comprar víveres para preparar la cena. Buscó su teléfono celular. Sintió extrañeza. Notó que no había recibido ni una sola llamada telefónica en todo el día.

-No soy importante, se dijo.

Llamó a su casa para saber qué querían cenar Julián y Rafael, no sin antes activar su pesimismo: Julián va a quejarse, como siempre. Su hijo Rafael atendió el teléfono.

-¿Qué pasó? –contestó el joven, usando un tono de fastidio.

Rafael solía rechazar toda oportunidad de contacto con sus padres. Él prefería vivir desconectado de ellos. Sentía que no podía seguir viviendo en esa atmósfera que era su hogar y, por lo tanto, había decidido no involucrarse más en la familia y así no tener que enfrentar a sus padres. Desde entonces, Rafael vivía en un mundo creado a su medida: con Greta, su música y sus amigos invisibles.

Giselle reaccionó a la actitud de su hijo y le reclamó, molesta. Sin embargo, Rafael hizo caso omiso a las altisonantes palabras de su madre y decidió pasarle la llamada a su padre, sin articular palabras. Giselle se sintió cargada y, cuando atendió a Julián, lo saludó de mala gana.

-¿Quieres algo en particular para la cena? –preguntó a su esposo.

Julián, quien también se sentía abrumado, respondió fríamente.

-Estoy ocupado, Giselle. Realmente, no tengo apetito.

Julián siguió hablando pero ella se sintió estallar. No esperó el punto de quiebre y cortó la comunicación.

-La buena suerte ya expiró –dijo Giselle enfadada, en voz alta.

Entonces, instantáneamente, llamó a su amiga Katherine para descargar su pesimismo. Katherine era una de las mejores amigas de Giselle, pero ya estaba cansada de las quejas de su amiga.

-Necesito tomarme un café contigo, es urgente, Kate –suplicó Giselle sin siquiera saludar a Katherine.

Katherine accedió y se encontraron en el café del centro comercial. Allí, como siempre, Giselle desahogó en su amiga toda su frustración. No le preguntó si ella tenía alguna carga emocional o si deseaba, siquiera, impregnarse de los desechos de su mundo roto.

-Giselle, disculpa –interrumpió Katherine, deteniendo el monólogo con la palma de su mano-. Tengo que irme –mintió, agobiada-. Acabo de recordar un asunto urgente que debo atender. Debo irme.

Katherine estaba a punto de estallar. No soportó más la conversación ni la tremenda carga de pesimismo que contenía. Fue por ello que, por primera vez, decidió no escuchar a su amiga y partir. Giselle se quedó sola en la mesa, frente a dos tazas de café sin terminar, con el amargo sabor de tener su vida hecha pedazos.

Y allí, ante el café abandonado sobre la mesa, hizo una breve y superficial retrospección del abrupto encuentro con Katherine.

La retrospectiva le permitió mirarse y escucharse en el espejo del recuerdo. Vio sus palabras, las cuales solo eran un entramado de vibraciones negativas. Además, Giselle volvió a escuchar su conversación y entendió que era tóxica. De pronto recordó el sentimiento tan maravilloso que la había invadido en la librería y que había olvidado tan fácilmente. Apenada, se preguntó por qué no le comentó a Katherine sobre la tarde tan mágica que había pasado en su trabajo.

Por su parte, mientras salía del café, Katherine volvió su cabeza para despedirse de Giselle, en silencio. Con los ojos húmedos, decidió no volver a ver a su gran amiga por un largo tiempo. Aunque le dolía terriblemente su decisión, Katherine sabía que la actitud de Giselle le estaba generando una enorme congoja y la llevaba, invariablemente, a caer en una profunda tristeza.

Más tarde, Giselle llegó a su casa. Iba cubierta con un manto espeso hecho de tristeza, rabia y arrepentimiento. Abrió la puerta y se encontró a su esposo sentado en el sofá. El rostro de Julián reflejaba insatisfacción y molestia. Era el rostro de un hombre infeliz. Al verla, Julián se puso de pie inmediatamente y, sin siquiera saludar, se retiró a su cuarto, tal como Giselle lo había imaginado horas antes. Entre ellos no había un ¡Hola! o unas ¡Buenas noches! No había nada.

Giselle sintió un arrebato de dolor, desencanto y auto-desprecio. Lanzó los zapatos a lo lejos y tiró la cartera sobre la mesa. Acto seguido, siguiendo un invisible ritual, se colocó en su escenario mental de tristeza y se empeñó en sentirse inmensamente vacía.

Miró el sofá y éste le recordó los oasis en medio del desierto. Se echó un rato en él, no sin antes recorrer, como una autómata, aquellas paredes, testigos silentes de una buena parte de su vida. Al mirarlas, Giselle las notaba manchadas de desilusión, sudadas de infelicidad y carentes del color límpido que da el amor.

Estaba abrumada por sus sentimientos. Se sentía atrapada. Se prescribió, entonces, una copa de vino. Pero al llegar a la cocina, encontró los platos sucios de la mañana, con restos de desayuno. Esto aumentó su ya suficiente desventura.

Greta, su perra -a quien nombraron en honor a la Garbo-, le ladró y movió su cola, un gesto natural para saludar y demostrar su felicidad. Giselle la acarició.

-Eres la única que me recibe con amor –le dijo.

Como respuesta, Greta la lamió. Giselle le respondió con gotas saladas que brotaron de sus ojos débiles y carentes de expresión. Sus lágrimas eran una mezcla de invivible sinsabor y trozos minúsculos de alegría traídos a la vida por aquellos breves ladridos.

El néctar rojo de aquel Merlot revivió sus labios ligeramente, mientras Giselle se dirigía al balcón. Caminó con paso seguro, acompañada por Greta, que jugaba con el hueso de piel que su dueña le trajera el día anterior.

Sin conseguir detener sus pensamientos, Giselle comenzó a respirar pausada y profundamente. El vino y el oxígeno se aliaron y, poco a poco, hicieron su trabajo: Giselle fue tranquilizándose y perdiéndose en aquel delicado vapor. Después de unos minutos de permiso, giró su cara hacia el reloj y notó la hora. Entonces abrió sus ojos con sorpresa.

-¡Por Dios, qué tarde es! –se dijo, mientras regresaba a la monotonía del día a día, le recordó que aún le quedaban muchas cosas por hacer. Tomó la copa de vino vacía, recuerdo de aquel agradable descanso, y la dejó en el tope de la cocina. ¡Primero lo primero!

Acto seguido, Giselle se dirigió al cuarto de su hijo y lo saludó con un sonoro beso que plantó en medio de una de sus delgadas mejillas. Rafael tenía el mismo color de ojos verde esmeralda de su madre. Su cabello castaño, lacio y brillante terminaba en sus hombros. Su cara ovalada, de tez blanca, era el fiel retrato de los rasgos de su padre. Paradójicamente eran dos seres muy diferentes. Rafael tenía la imagen de un aviador que disfrutaba el beneficio de un piloto automático en medio de una tormenta. Los audífonos cubrían buena parte de su cabeza. La música retumbaba a un volumen tan alto, que el chico apenas se volteó para devolver el saludo con una mueca de indiferencia.

Ya en su baño, mientras recibía una ducha reparadora, Giselle sacaba conclusiones vagas de lo que era su vida. Sin embargo, notó que sus pensamientos caían totalmente desordenados, como sintiendo una tormenta de granizo. En medio de ese barullo, no dejaba de pensar en todo lo negativo y triste que acompañaba su vida. Proyectaba pensamientos terribles: se imaginaba a Julián en los brazos de otra mujer, creando escenas dolorosas de infidelidad y traía episodios de rechazos tan frecuentes de su hijo hacia ella. Se sentía desconsolada en medio de una situación que entendía no merecer.

No conseguía comprender que ella colaboraba enérgicamente en atraer y mantener esta actitud y el consecuente estilo de vida que vivía. Más tarde, arropada con su bata de dormir preferida, Giselle oyó que el diablillo de la aventura –del cual todos disfrutamos- le susurró una idea. Esta la llevó directamente al Merlot, que pronto cayó en la copa aun húmeda del disfrute anterior. Giselle limpió la cocina y preparó la comida del día siguiente.

Giselle estaba muy cansada, muy agotada. Sin embargo, nunca dejó de pensar, pensar y pensar. Solo se detuvo un segundo cuando escuchó su voz que, en medio de un suspiro, exclamó: ¡Todo listo! Con el hueso aun en la boca, y como testigo de aquel ritual desgastante, Greta acompañó a Giselle hasta el sofá, el que compartieron. Allí, Giselle tomó el resto de aquel delicioso soporífero y lloró hasta quedar sumida de cansancio y algo de alcohol.

Llegar a su dormitorio y cerrar los ojos, fueron parte de un solo evento.

No hubo intercambio de palabras entre Giselle y su esposo. Solo se escuchaba de fondo el ruido monótono del televisor. No hubo un hola; no hubo una buenas noches. No hubo nada por parte de ella; nada, por parte de Julián.

A la mañana siguiente, los pensamientos de Giselle estaban muy oscuros. Cuando logra abrir los ojos, se dirige al baño sin decir "Buenos días" a su esposo. Mientras cepilla sus dientes, se ve al espejo y se dice: ¡Me veo muy mal!. Sus incipientes arrugas y su cabello no constituían una vista agradable para sus ojos. Sin embargo, lo que veían sus ojos no era la verdad. Era tal su dolor e insatisfacción que no lograba ver su verdadera belleza.

Giselle, de unos 5'11", de piel blanca y ojos expresivos, su cabello negro azabache hacía un contraste hermoso con sus ojos verde esmeralda. Su estilo del cabello como un corte militar, hacía que su cuello largo y delgado se viera muy elegante.

La depresión comienza.

Dejó atrás el lavamanos y se dirigió hacia la ducha, sin darse apenas cuenta de la acción que realizaba. Las gotas de agua, en conjunto con el aroma sutil a rosas que emanaba de su jabón, invadieron su piel y limpiaron cada energía de dolor que ella poseía. Sin embargo, ella no lo disfrutó. Giselle se sentía sin un ápice de felicidad. Su rostro lucía seco y desencajado.

Al salir de la ducha, se vistió sin ser testigo de lo ocurrido. Observó su cama y, allí tendido, se encontraba el hombre que en algún momento la hizo sentir amada. En esta cama siempre hay dos cuerpos. ¡Qué grande es esta cama, cuánto espacio hay entre estos dos cuerpos! -pensó. Caminó hacia la cocina y se hizo un café. Cuando se sentó a la mesa, sintió a su hijo que pasó por un lado, abrió la puerta y se marchó sin despedirse de ella. Como de costumbre, de sus ojos brotaron lágrimas.

Media hora más tarde, cuando se dirigía a la librería, se detuvo en una cafetería. Entró y pidió un sándwich y un café. Se sentó un rato en aquel lugar e hizo algo distinto a lo usual. En lugar de pensar y pensar en sí misma, en su vida, en su familia y en "todo lo malo" que le disponía la vida, Giselle comenzó a observar las personas a su alrededor. Notó grupos de familias que compraban el desayuno para sus hijos, señores que conversaban agradablemente, con su café en mano. También vio adolescentes chistando. De pronto, escuchó una voz conocida que atrajo su atención. Cuando auscultó con su mirada entre los adolescentes que estaban sentados diagonalmente con relación a su mesa, se dio cuenta de que uno de ellos era su hijo, Rafael.

La voz de Rafael emanaba enojo y dolor. A su lado, una chica insistía en sacarle una sonrisa, pero él le contestó, secamente:

-No estoy de humor, ¡déjame en paz! ¿Quieres?

Llena de asombro, Giselle se apresuró, tomó sus cosas y se retiró del lugar. Rafael, por su parte, no se percató de que su madre había observado aquella escena. ¡Mi hijo es infeliz! –repitió en su mente una y otra vez, atónita. Julián es infeliz y yo soy infeliz.

Entonces, se detuvo y preguntó en voz alta: Dios, ¿qué me pasa? ¿Qué estoy haciendo con mi vida? ¿Qué estoy haciendo mal? Y suplicó, angustiada: por favor, ayúdame a entender.

Cuando abrió la tienda, ya eran las 8:00 a.m. Arregló todos los libros que quedaron desordenados la noche anterior y, en ese proceso, se quedó mirando el último libro que quedaba por guardar. La portaba leía El camino a la Transformación y tenía unos símbolos. Giselle se quedó observándolo largamente. Entonces, lo tomó entre sus manos y sintió como si la portada emitiera un magnetismo.

-Hay algo en este libro –se dijo. (Primera alarma) –Siento un consuelo, como si algo me dijese que su contenido va a ayudarme a encontrar la paz que tanto necesito.

Acto seguido, Giselle leyó un capítulo. Al concluir su lectura, lo colocó sobre una mesa pequeña dispuesta a su lado y se dijo: a través de mis pensamientos estoy diseñando mi vida. Se quedó en blanco por unos momentos.

Ese día transcurrió dentro de un ambiente de mucha actividad. Era el día de pago de los proveedores. El primero que llegó fue el señor Carlos Urdaneta, un caballero muy educado y tranquilo, quien conocía a Giselle desde hacía ya mucho tiempo. Cada vez que era día de buscar el cheque de pago, Carlos terminaba estresado a influencia de Giselle. Tanto así, que hacía días se había propuesto que, la próxima vez que buscara el cheque, iba a decirle a Giselle lo que pensaba. Y eso hizo.

-Señora Giselle –le dijo, con mucho tacto. Trate de llevar la vida con calma. Si usted tomase la vida con más tranquilidad y cargase menos preocupación, se daría cuenta que todo fluye sin el menor esfuerzo.

Giselle lo escuchaba entre sorprendida, avergonzada y agradecida. Quería que todo a su alrededor fuera perfecto, siempre. Se exigía tanto que, cuando estaba haciendo cualquier actividad, sus manos temblaban de inseguridad. Entonces, se estresaba, y afectaba a los demás a su alrededor. Giselle no creía en ella misma. Carlos continuó:

-Está trabajando más de la cuenta.

Cuando Carlos se marchó de la tienda, Giselle sintió que en menos de una hora había recibido dos señales, o mensajes, o como se los quisiese llamar. La primera señal la constituyó el libro "magnético" que la atrajo a la lectura. (Segunda Señal) La segunda, fue el mensaje contundente que le compartió Urdaneta, el proveedor.

Ese día Giselle se reunió con seis proveedores. Hizo sus pagos y encargó más material. A la 6:00 de la tarde, estaba exhausta: no había almorzado, no había descansado y, tampoco, leído. Entonces, decidió irse a su casa. Le pasó por el lado al libro que dejó en la pequeña mesa. Y, tal como ignoró el libro, así mismo olvidó lo que había leído, y lo que Don Carlos le había recomendado en la mañana.

Al salir de la librería, Giselle se dirigió al mercado e hizo algunas compras. Tomó lo suficiente del mercado y se fue con sus bolsas y sus pensamientos, hasta su casa. Al llegar, encontró todo igual. Sin embargo, esta vez, no dijo nada. Guardó todos los víveres, lavó los platos y ordenó su casa. Greta la seguía y se mantenía siempre a su lado.

Cuando el reloj marcó las 9:00 de la noche, Giselle se preocupó porque su esposo no había regresado del trabajo y su hijo, quien solo tenía 14 años, tampoco. Entonces Giselle corrió en busca de su bolso, a la vez que Greta ladró con ansiedad. No había recibido llamadas.

Se sentó en la mesa de la cocina a esperar, tratando de controlar su ansiedad. Cerca de las 10:00, cuando Giselle estaba a punto de llamar a Julián y salir a buscar a Rafael, se abrió la puerta. Rafael entró y pasó por el lado de ella con la mirada baja. Ésta vio algo raro en el rostro de su hijo. El chico se fue directo al cuarto y tiró la puerta. Detrás de él, iba Giselle, preguntándole la razón de su tardanza. Al no recibir respuesta, comenzó con sus gritos, que ya eran costumbre. Pero, repentinamente, un sonido extraño se escuchó del otro lado de la puerta del cuarto de Rafael. Giselle forzó la puerta y, al abrirla, encontró a Rafael casi desmayado y cubierto de vómito.

Giselle supo que había ingerido alcohol. Como pudo, lo cargó y lo llevó al baño. Cuidadosamente, lo duchó, lo secó y lo vistió. Luego, lo dejó reposando en su cuarto, mientras ella cambiaba las sábanas. Finalmente, lo llevó hasta su cama.

Mientras preparaba sopa para Rafael, Giselle vio como sus manos temblaban y las lágrimas escapaban de sus ojos. Después de preparar la sopa, se la llevó a Rafael para que éste tuviera "algo" en el estómago. Cuando entró al cuarto, vio que Rafael estaba profundamente dormido.

Entonces se acostó a su lado, le acarició el cabello y le habló.

–Rafael, ¿sabrás cuánto te amo? –susurró, acurrucada sobre el rostro de su hijo-. Te amo mucho, Rafael, muchísimo. ¿Qué nos ha pasado? –se preguntó, entristecida-. ¿Qué he hecho mal? ¿Cuándo fue que me separé de mis seres queridos?

Mientras lloraba amargamente, sin ser escuchada por alguien, salvo por Greta, Giselle se dijo:

–La vida se me está yendo de las manos. Siento que pierdo lo más importante, mi familia.

A media noche, Giselle dejó la habitación de su hijo y se fue a la suya. Su esposo aún no había llegado.

En la mañana siguiente de ese 20 de abril, al abrir los ojos, Giselle se dio cuenta que Julián no estaba allí. Se dirigió a la sala y descubrió que su esposo dormía en el sofá. Fue al cuarto a ver a Rafael y lo abrazó. Él la esquivó.

-¿Qué te pasó ayer, hijo? –le preguntó en voz baja, usando un tono suave, inusual en ella. ¿Por qué has bebido?

Rafael no le contestó.

–Podemos hablar como amigos, Rafael. No me veas como tu enemiga –le sugirió Giselle, llena de amor. Te amo más que a nadie en el mundo. Te pido disculpas por las cosas que no he hecho bien. Estoy dispuesta a escucharte sin hacerte ninguna crítica. Sé que cuando decidimos llevarte al psiquiatra todo cambió entre nosotros. Discúlpame.

Rafael guardó silencio. Estaba pensativo. Se paró de su cama y entró al baño a tomar una ducha. Más tarde, se fue al colegio. Giselle también se marchó. En la casa solo quedó Julián, profundamente dormido en el sofá, ajeno a lo que aconteció esa noche. A su lado, silenciosa, descansaba la adorable Greta.

Camino a la librería, Giselle marcó el número de Katherine. La llamaba con la intención de contarle cómo se había complicado su situación. Katherine no contestó. Acto seguido, Giselle llamó a Erika, a Olga y a Patricia, otras de sus amigas. Ninguna contestó. Se sintió completamente sola: sin esposo, sin su hijo, sin sus amigas. Solo ella, con sus pensamientos negativos y su desdicha. Quería hablar pero no tenía con quien hacerlo. Entró en la tienda y reiteró, con sus pensamientos, que todo el mundo se había ido en su contra. ¡Creo que nunca tuve amigos, realmente! –insistió. No cuento con nadie, ni siquiera con mi familia.

Molesta, echó culpas a su marido. Después, a su hijo. Posteriormente, a sus amigas y, finalmente, a Dios. No se le ocurrió pensar, no se percató, de que algo no estaba bien dentro de ella. La mañana de ese 20 de abril fue una de las más tristes de su vida. Se sentía menos que un ser humano miserable. Ya no existía espacio para más sufrimiento.

A las 12:00 del mediodía entró a la tienda la única persona que había tocado la puerta esa mañana. Era Jimmy, el chico que le llevaba almuerzo diariamente. Era un joven de unos 25 años, alto, de contextura fuerte, y muy introvertido. Antes de él, solo una nube negra de vibración muy baja acompañaba a Giselle en su librería. Tomó la comida, sin hablar ni saludar a Jimmy. Pagó su cuenta y sin esperar nada más del chico, le cerró la puerta en la cara.

Entonces, puso de lado la comida y se recostó en su sofá de descanso. Cerró los ojos y decidió no reñir más. Fue tranquilizándose poco a poco. Y ocurrió lo mismo que había experimentado dos días antes, en el mismo lugar. Esta vez, con mayor profundidad. Giselle se entregó al instante por completo y aconteció algo maravilloso: fue perdiéndose en un mundo de silencio y tranquilidad; no sentía su cuerpo, era como si flotara. No había nada que pensar, nada de qué preocuparse. No existía el tiempo. No había lugar. No había cuerpo. No sentía ser un ser humano. Se sentía libre. Había solo felicidad.

De pronto escuchó: todo lo que ves fuera de tí es una proyección de lo que hay dentro de ti. Un sentimiento sublime inundó su ser. Estaba escuchando desde adentro de su corazón: esa era la clave.

Cuando despertó, se sintió otra persona. Era como haber muerto y renacer. Eran las 4:00 de la tarde. Había salido de su cuerpo por cuatro horas. No había probado bocado desde las 8:00 de la mañana y sin embargo se sentía plena y satisfecha. Giselle comenzó a estirarse. Movió los dedos de sus pies; luego, los de sus manos y, con una tranquilidad indescriptible, se puso de pie. Al segundo siguiente, sonó el timbre de la entrada.

Giselle abrió la puerta y, del otro lado, aguardaban dos mujeres, una de ellas era conocida. La psiquiatra de Rafael. La doctora Andrea. La doctora que decidió sedar a Rafael sin ni siquiera indagar qué ocurría en él, recordó. En otro momento, Giselle hubiese reaccionado bruscamente, pero simplemente las hizo pasar. La doctora no recordó a Giselle. Sin embargo, sintió que algo no estaba bien en esa mujer, que a pesar de que se veía llena de luz, había un sentimiento que no lograba descifrar.

Ambas mujeres buscaban lo mismo: el libro que atrajo a Giselle un día antes: "El camino a la Transformación". Giselle se sorprendió. Fue al almacén y encontró cuatro ejemplares. Al tomarlos se percata nuevamente que en una esquina de la portada aparecen los extraños símbolos: de los cuales se sintió atraída días antes. Al entregarle un libro a cada una de sus clientes. Giselle les contó lo que le había ocurrido el día anterior.

-¿Cómo les ha llegado la información sobre este libro? –inquirió curiosa.

-Me lo recomendó alguien muy especial –respondió Andrea quien no pudo resistir y preguntó a Giselle:

-¿La conozco?

- Sí, por supuesto, usted es la psiquiatra de mi hijo Rafael Muñoz, ¿lo recuerda?

Andrea pensó y bajó la cabeza avergonzada.

-Sí, por supuesto -le respondió.

Desde los ojos de Andrea brotaron lágrimas.

-Señora, le pido disculpas por la mujer que era antes. La vida ya se encargó de que aprendiera mi lección.

-No se preocupe, todo está bien. Supe por todo lo que ha pasado y he escuchado que es usted otra persona.

La otra mujer estaba perpleja, no entendía la situación. En eso, Giselle voltea y le pregunta:

-¿Cómo se enteró usted de este libro?

-Mi esposo me lo recomendó -contestó la segunda mujer.

-Él me dijo que el libro era una guía para buscar en nuestro interior las respuestas a todas nuestras preguntas.

Las mujeres hicieron sus pagos. Se despidieron de Giselle y ésta les dijo:

-Hoy voy a tomarme el tiempo para leerlo -afirmó. Me encantaría pedirles que, en cuanto lo terminen, si están de acuerdo, nos reunamos para exponer nuestro punto de vista sobre el contenido de la lectura.

Las dos clientas estuvieron de acuerdo y pautaron la fecha: se verían en la librería en un lapso de cuatro días, a las 4:00 p.m. Entonces, sin más, se despidieron.

Las chicas que acababan de salir de la librería eran Tanya, y la otra, Andrea. Mujeres con vidas diferentes una de la otra. Tanya era extranjera, de un país muy cercano: Venezuela. Estaba casada y tenía una hija. Andrea, por su parte, se mantenía soltera y trabajaba como psiquiatra.

2

TANYA

No fue en busca de conocimiento... ya lo traía.

El destino no es simplemente selectivo, es desordenado. Algunos tenemos que trabajar mucho para alcanzar nuestros objetivos trazados. Otros simplemente deben descubrir que ya lo han logrado.

José Perdomo

Al salir de la tienda, Tanya se dijo: doy gracias a Dios y al universo por atraer todo lo que he querido atraer. Cada día de mi existencia he podido comprobar lo maravilloso que es poder diseñar mi vida. He comprendido el por qué todo lo que me he propuesto, "todo", lo he conseguido sin esfuerzos. Desde que tengo recuerdo de mi existencia, nunca me he desconectado de mi Ser. Siempre he visualizado mi felicidad dentro de mí y por eso estoy segura que todas estas cosas maravillosas que me suceden, son simplemente un reflejo de lo que hay dentro de mí. Nunca he dejado que nadie me aparte de esta conexión que tengo con mi verdad. Por esa misma razón me tuve que aislar por un tiempo de las personas que de una manera u otra interferían con mi realidad. No me sentía preparada para manejar esa situación hasta ahora. Ahora es el momento de trabajar. ¿Cómo lo haré?

Enseñaría a las personas a meditar y a bajar el estrés. Esto ayudaría a calmar los pensamientos, a estar en el presente y disipar las nubes que les impiden ver su realidad. Desde ahí comenzaría mi trabajo.

Ella seguía caminando sin pensar por unos segundos, mientras el sol bronceaba su piel aun más. Vestía camiseta blanca, blue-jeans y tenis.

Cuando vives en el presente y estás al tanto de lo que piensas, puedes hacer modificaciones de esos pensamientos y atraer hacia ti un futuro colmado de amor, felicidad y mucha paz. Diseñar el futuro viviendo en el presente es una manera fácil e inteligente de poder atraer lo que desees. Diseñé estar sana, estar en silencio hace que puedas sentir la energía que corre dentro de nuestro cuerpo. La energía libera tu cuerpo de cualquier obstáculo que impida que fluya la vida. Diseñé atraer seres maravillosos a mi vida con solo vibrar en amor. Con solo esto se atrae todo lo maravilloso que existe en la vida. Atraje mi familia, amigos, las chicas (de la librería), libros maravillosos y abundancia de todo lo que deseo. Estos pensamientos, colmados de amor y compasión, comenzaron a revolotear en la mente de Tanya.

Se veía en compañía de mucha gente guiando a las personas a disipar la nubosidad que no los dejaban ver con claridad sus propósitos de vida. Se preguntaba: ¿Qué sorpresa me traerá este libro? ¿Por qué tanta personas están en busca de él?

Tanya, pensaba en la mujer de la librería, tan cálida, tan encantadora.

En su mente se hilvanaban preguntas y pensamientos: ¡Qué mucha paz emanaba esta mujer! La otra mujer, ¿qué habrá hecho? ¿Por qué nunca me habría detenido, ni siquiera a ver la vidriera de esta librería?

La respuesta llegó casi de inmediato con dejo de autocrítica leve: claro, si estaba encerrada en mi paraíso y no quería tener contacto con el mundo exterior, como fijarme en menudos detalles triviales de mi exterior. No quería salir de mi sitio de confort -se dijo.

Alberto, mi fiel y amado esposo, tenía razón en decirme que era el momento de salir a ayudar a recordar la verdad que está dentro de nosotros. Cuando vea a mi otra parte, le voy a dar las gracias por incitarme a salir de mi cascaron.

Caminó hacia la cuadra siguiente, al encuentro con Alberto. Después que decidió salir de su refugio, su esposo y ella se encontraban a menudo a una hora específica para compartir sus vivencias del día. Ese día decidieron encontrarse en un café que estaba ubicado a unas cuadras de la librería. Cuando se encuentran, se abrazan y ella le dice:

-Mi amor, tengo que contarte algo que me pasó.

Mientras tanto piden los cafés, se sientan y Tanya comienza su relato.

-Primero te quiero dar las gracias por convencerme de compartir mi creencia.

-¿Y eso? -pregunta Alberto con una voz cálida.

Tanya iba a comenzar su relato, cuando Alberto la interrumpe diciendo:

-Sabes, te ves estupenda. Me encanta verte feliz. Tus ojos emanan un brillo hermoso. Se siente tanta paz en ti y eso hace que te veas radiante.

Tanya lo mira con ojos de amor y dice:

-Tienes razón, estoy inmensamente feliz. Hoy viví algo maravilloso. En la librería pasó algo increíble. Cuando llegué, la puerta estaba cerrada, me asomé, vi una luz encendida y una sombra. Decidí esperar. De repente llegó una mujer. Se asoma, y me dice: qué raro que a esta hora la librería esté cerrada. Lo mismo pensé. Las luces están encendidas y vi la sombra de alguien. Ella me dice: voy a tocar el timbre. Entonces la chica toca el timbre. Se abre la puerta y sale una mujer con una cara de felicidad. Era como si hubiese recibido una noticia excelente. Sin embargo, cuando voltea y ve la mujer a mi lado, cambia un poquito su semblante. La otra mujer le pregunta si la conoce.

La dueña de la librería le responde: sí, usted es la psiquiatra de mi hijo. No recuerdo muy bien, pero creo que fue así. Entre ellas había una historia. Algo que tiene que ver con el hijo de la señora. Sin embargo, todo quedó allí. Bueno eso fue lo que sentí. Ella se presentó diciendo su nombre "Giselle" y nos da la bienvenida. Entramos, y lo grandioso de todo fue que la doctora y yo estábamos buscando el mismo libro. El que me sugeriste. Cuando Giselle, la mujer de la librería de quien te hablé, escucha el título del libro, sus ojos le brillaron, se quedó pensando y al cabo de unos segundos nos contó que el día anterior, ese mismo libro se había quedado adherido a su mano como un imán. Cuando lo recogió del piso, algo como una voz interna le había dicho: debes leerlo. Así lo hizo. Del rostro de Alberto se asomó una sonrisa pícara al escuchar sus palabras. Prosigue Tanya. Llevaba un capitulo leído y estaba fascinada con él. Cada una de nosotras realizó su pago. Cuando de pronto nos pregunta: ¿Les parece buena idea encontrarnos aquí después que lo lean? Me encantaría discutirlos con ustedes. Esto no puede ser coincidencia. Cuando escuché esa pregunta, mi corazón se colmó de felicidad. Quedamos en vernos en cuatro días. El 24 de abril a las 4:00 de la tarde, en ese mismo lugar. La doctora y yo nos despedimos y cada una siguió por caminos diferentes.

Alberto, como siempre, le responde:

-Qué bueno que hayas tenido ese encuentro.

Él siempre la apoyaba y la escuchaba. Eran el uno para el otro. Alberto le dice:

-Cuando leas el libro y lo termines, tienes un compromiso conmigo para discutirlo también.

-Pero podemos ir juntos a discutirlos con las chicas.

-Gracias amor, será un privilegio asistir a esa reunión. Me encantaría poder compartir ideas con todas esas personas. Estoy seguro que esta experiencia va a abrir el camino de tu búsqueda y al de muchas personas más, incluyéndome.

Tanya comenzó a leer su libro. Cada página era de una aventura interminable. Se concentraba profundamente y sus ojos se deslizaban con tanta facilidad que no se daba cuenta del tiempo que pasaba. El libro era mágico. Cuando terminó su lectura, se dice: este libro es un tesoro, tal y como prometió Alberto. Estaba equivocada al pensar que debía enseñar, lo que debo hacer es ayudar a recordar.

Meditó sobre su vida.

-Nunca he tenido que pasar por ninguna situación desagradable para poder encontrar lo que realmente es la felicidad. Alberto también ha tenido una vida hermosa. Él tuvo el mejor regalo que cualquier persona puede desear. Unos padres maravillosos que le dieron con todo amor las herramientas que posee. Por eso nuestra hija es como es: puro amor.

En una ocasión el padre de Alberto le había dicho: todo lo que existe es como una gota del océano. La gota tiene los mismos componentes que el océano entero. Así mismo todo lo que existe tiene los mismos componentes de Dios. Si los humanos tenemos los mismos componentes de quien nos creó, entonces tenemos la misma facultad de crear aquello que queremos. Recuerdo cuando Alberto compartió conmigo esa información tan valiosa de su padre. Eso nos impulsó a tener una introspección de nuestras vidas que terminó siendo muy beneficiosa. Ahora, al leer este libro mágico y encontrar ese mismo acierto en una de sus páginas, puedo aclarar un poco más lo maravilloso que somos. Solo bastó que tuviera la intención del encuentro y todo conspiro para que fuese realidad –pensó.

-Al leer este libro mágico, replicó Tanya, pude ver con claridad cuál sería mi misión en esta hermosa Tierra. Comunicaría a todas las personas que deseen escuchar, cómo, por medio de mi "actitud," he podido crear un mundo maravilloso para mí y mi familia. Eso los ayudaría a recordar lo simple que es estar aquí en la Tierra. La actitud que he tomado hacia los eventos que han transcurrido en mi vida, han sido positivos. Siempre he visto estos eventos como una enseñanza que me ha hecho crecer sin dolor, ya que no me he resistido al aprendizaje. Simplemente estos eventos aparecen y se van. No hago que esos acontecimientos terminen siendo una película de terror. Realizo un viaje dentro de mi cuerpo, por medio de la meditación, encuentro dónde se produce el dolor que hace que pueda traer a mi vida ese evento no agradable. Allí me estaciono enviando amor y sanación a ese dolor y por arte de magia desaparece. Dejo que todo fluya. Mi actitud ha sido esa.

Siempre he vivido en el ahora, el pasado lo he visto como un aprendizaje. Nunca me he sentido culpable. Soy feliz ahora. Nunca me he dicho: mañana será mejor, porque siempre los "ahora" van a ser el mañana y por eso no tengo que esperar al mañana para ser feliz, si lo puedo ser ahora. Hay muchas personas que piensan diferente y ahora entiendo que todo ha sido por causa del miedo y ese miedo no los ha dejado despejar el velo. Con todo este trabajo que he hecho, sé que aun queda algo de miedo en mí y por eso no ha acabado mi búsqueda. En muchas oportunidades han habido personas que han querido que olvide mi esencia, han querido imponerme que viva como lo hacen ellos, pero nunca he dejado que eso suceda. Si mi vida ha sido perfecta, por qué tendría que cambiarla y vivir como lo hace el resto, que viven en un constante desespero porque llegue el mañana y ni siquiera se dieron cuenta del ahora.

Tanya meditaba largamente sobre su vida. Se decía: Mi hija Laura es el producto del amor entre Alberto y yo. Desde niña, Laura nos ha confiado todo lo que siente. A su cortita edad vivía en un mundo fantástico. Hemos vivido junto a ella en el momento que aparecieron sus amigos que solo ella podía ver. Los sueños que provenían de mundos en el aire, las mariposas con caras humanas que volaban al lado de ella y así muchas cosas que ella sentía y veía. Ella sabía que nosotros no podíamos ver ni sentir lo que ella veía y sentía. Desde pequeña nos decía: si ponen atención podrán ver. Nosotros disfrutábamos todo de Laura. Alberto y yo nos maravillábamos de ver a nuestra hija tan carente de miedos, egoísmo y manipulación. Nos decíamos: qué fácil es ser feliz con pocas cosas. Mira a Laura, como disfruta sin ataduras, sin miedos y sin angustias. Laura es nuestra maestra, nos enseña cada día. Cuando compartíamos con los hijos de nuestros amigos, estos niños eran lo contrario de Laura. Eran niños que sus padres los educaban con la misma doctrina que ellos fueron educados. Por lo tanto eran el vivo retrato del niño, el adolescente y el adulto que ves por el mundo angustiado e infeliz.

La educación de Laura fue distinta a la de otros niños. Mi esposo y yo decidimos enseñarle desde la casa. Decidimos que a medida que ella sintiera la necesidad de aprender algo, nosotros le facilitábamos las herramientas de ese aprendizaje. Eso hizo que todo lo que aprendiera lo aprendiera con pasión. Sin imposición. Creamos una técnica diferente de enseñar.

A medida que iba creciendo, se daba cuenta que debía aprender algo. Así en muy poco tiempo comenzó a leer y a escribir. Aprendió los números cuando se dio cuenta que no podía distribuir una bolsita de dulces entre sus primos y ella. A medida que crecía deseaba aprender cosas más profundas. Cuando no teníamos las herramientas de lo que ella necesitaba, buscábamos ayuda. Especialistas en matemática avanzada. Profesores de idiomas.

Antes de comenzar a educar a Laura, buscamos información a nivel académico. Indagamos cómo podíamos hacer para que cuando llegara el momento que Laura decidiera entrar a estudiar en grupos, lo pudiera hacer sin problemas. Nos informaron que cuando llegara el momento, a Laura le iban hacer una serie de pruebas para verificar en qué nivel académico podían colocarla.

A los 16 años, Laura sabía tres idiomas. Y estaba muy bien preparada para entrar en una universidad. Sin embargo, decidimos esperar a que mostrara la necesidad. Laura siempre tuvo contacto con el mundo exterior. Llevó una vida diferente, pero entendía y respetaba la vida de los demás y por eso no tenía problemas en interactuar con nadie. Laura tenía amigas y amigos que eran muy diferentes a ella, en cómo veían la vida. Esos amigos la querían. Laura fue un apoyo de muchos y sirvió de ayuda a los que estaban cerca de ella.

Su padre y yo sentimos que Laura es la niña que muchos niños pudieran seguir como guía de vida. Cuando Laura se interesó en estudiar en una institución, la llevamos a que le hicieran las famosas pruebas que años atrás nos habían informado que tenía que tomar. Le hicieron muchos exámenes. Todos fueron para Laura muy sencillos. Al finalizar, hubo una junta de profesores. Estos le dieron a Laura las credenciales para que pudiera entrar a una universidad.

3

ANDREA
El testigo

Al sentir la muerte cerca podemos entender en verdad la vida. Ser testigo de nosotros mismos, ya es un milagro.
José Perdomo

Andrea es una mujer extremadamente inteligente. Graduada de la Universidad de Puerto Rico, escuela de Medicina, con el máximo honor. Hija de Héctor y Esther, quienes vivían maravillados de lo inteligente y elocuente que era su hija, sintiéndose orgullosos de haberla traído al mundo. A cada momento le recordaban lo especial que era. Eso hizo que Andrea, desde muy pequeña, se sintiera superior. Quería siempre demostrar quién era mejor y siempre vivía criticando la inteligencia de todos.

A sus 28 años no había durado más de 6 meses con una pareja. Siempre evaluaba su comportamiento. Se sentía superior a todos. Su fisonomía era la de un reina de belleza caribeña: morena, alta, esbelta, nariz delineada, labios carnosos y piel de seda. Su silueta era un camino de curvas peligrosas. A pesar de todos esos atributos, Andrea alejaba a cada pareja que se acercaba con su desmesurada prepotencia. Las pocas personas que tenía cerca, no entendían cómo había decidido tomar esa carrera. Estudiaba el comportamiento del individuo. Andrea hizo una especialidad en psiquiatría.

Con ayuda de sus padres, colocó su oficina en el hospital más caro que había en San Juan. Pero también de esos padres ella se avergonzaba. Instalada en su consultorio, comenzó a recibir pacientes. Atendía pacientes de todas las edades. Casos muy complicados.

Al principio, se comportaba como un buen psiquiatra. Escuchaba a sus pacientes y hacía preguntas sobre sus vidas. Después decidió no involucrarse más. Leía las especificaciones que le enviaba el referido (médico o psicólogo) y, a base de eso, decidía qué medicamentos debía enviarle. No se detenía a escuchar al paciente y entender su dolor.

Así fue con todos, incluyendo los niños. Cumplía con enviarle una receta que contenía los nombres de las pastillas, con los que dopaba al paciente. Colocando un pañito de agua tibia tapando el dolor. Sin buscar la causa de su problema. Uno de esos pacientes fue Rafael Muñoz. Niño que a partir de los 12 años fue víctima de la Dra. Andrea.

Con cada paciente que quería contarle sus dolencias, ella escuchaba un poco e inmediatamente lo interrumpía diciéndoles: "los medicamentos recetados son especiales para su dolencia, en poco tiempo verán los resultados".

Así pasaban los días de Andrea, vacíos y tristes. A pesar de todo lo material que poseía, y lo exitosa que había sido su vida, Andrea estaba al borde de un precipicio. Un buen día, estando en su consultorio, sintió un dolor en la cabeza tan fuerte, que no le dio oportunidad de avisar. Su asistente tocó varias veces a la puerta y al ver que no contestaba, decidió entrar encontrando a Andrea desmayada en el piso.

Andrea yacía casi sin vida en una esquina del sofá, donde muchas veces pacientes llenos de dolor intentaban contarle lo mal que se sentían. No sentía ni un poro de su cuerpo. Era como si estuviera flotando en el aire. Se veía a sí misma tirada en el piso y no entendía lo que le sucedía. Escuchaba los gritos de su asistente y no podía decirle que se tranquilizara, cada vez que le decía algo, la asistente parecía no escucharla. La situación no tenía ningún sentido para ella. A los segundos se dio cuenta que estaba fuera de su cuerpo y por eso nadie la escuchaba. Estaba desnuda, sin preocupación. Sin nada que la atara. Solo permanecía algo de ella y no era su cuerpo. Se sentía ligera, era una sensación agradable.

Su asistente corre y toca la puerta del consultorio adyacente. Con la suerte que el doctor estaba presente. Después de tres toques, abre la puerta el Dr. Colmenares. Observa la cara de desesperación que traía Mirna, la asistente. Con voz agitada, Mirna logra contarle al doctor lo sucedido y acto seguido Colmenares estaba en el consultorio tomándole los vitales a Andrea. El doctor pide de inmediato ayuda para trasladar a Andrea a emergencia y le pidió a Mirna que avisara a sus familiares. Y así lo hizo. Con la voz entrecortada y sus manos temblorosas, discó el número de teléfono de los padres de Andrea, informándole lo sucedido. Sus padres rápidamente se dirigieron a sala de emergencia, encontrando a su hija indefensa, en una camilla, inconsciente. Los resultados de los análisis médicos de Andrea fueron graves. El diagnóstico apuntó: un accidente cerebro vascular dañando una gran parte del lado izquierdo del cerebro. Este accidente mantuvo a Andrea en coma por dos largos meses.

No había esperanza de los médicos. Ni de su padre. Sin embargo, su madre, Esther, nunca perdió la fe. Ella no dejó de rezar ni por un segundo. Le pedía a Dios que le devolviera a su hija. Sus lágrimas caían en su rostro envejecido cada vez que veía a su hija postrada en esa cama de hospital, donde nunca pensó verla. Había algo en el interior de Esther que le decía que su hija pronto se recuperaría.

Después de dos largos meses, Andrea comenzó a mover los dedos de sus manos. Los médicos y su padre -pensaron- "Esto es un milagro". Sin embargo su madre sabía desde lo más profundo de su corazón que había algo más en todo esto. Andrea comenzó a mover los dedos de los pies y así cada parte de su cuerpo. Al cabo de un tiempo estaba parada en las pasarelas de rehabilitación, gesticulando frases seguidas y dejando impresionado al personal que sabía cuál había sido su diagnóstico.

Andrea se había convertido en otra persona. Sus ojos emanaban amor, bondad y compasión. Su madre fue la primera en percibir ese cambio. Cuando Andrea comenzó su silencio, desprovista de todas las cosas que ella poseía, sola y sin salud, vino el recuento de toda su vida. Era una película que le pasaban rápidamente. No sabe cuánto duraron esas escenas. Lo que sí sabe fue el dolor que pudo causar a tantos seres hermosos que habían pasado por su vida. En esas escenas, pudo darse cuenta lo equivocada que estaba. Lo triste que había sido su vida. Lo injusta que había sido con todas las personas que se le acercaban. Lo dura y cruel que había sido con sus padres. Durante ese tiempo de soledad, meditó tanto. Andrea pidió una nueva oportunidad de vivir para poder remediar todo lo que había hecho aquí en la Tierra.

En su estado de silencio, pudo aprender cómo los seres humanos viven, mueren y después encarnan hasta que logran por medio de las experiencias aprender su propósito en la Tierra. Pudo entender lo maravilloso que era estar en el planeta Tierra en este tiempo tan especial. Le pidió a su Ser superior, a Dios, que le diera esa oportunidad y así fue. Después que sintió que tenía esa oportunidad, en ese momento comenzó su tarea.

Lo primero fue perdonarse y pedir perdón. Después, conocer realmente cómo funcionaba su cuerpo. Meditó. Se introdujo dentro de cada célula, tejido, órgano y visualizó cómo podía restaurarlo. Algo le decía que podía recuperarse. En ese proceso aprendió que todos los seres humanos tenían la capacidad de regenerar sus células. Que todos lo podían hacer.

Ese tiempo que Andrea pasó sin poder mover ningún músculo de su cuerpo, sirvió para darse cuenta que había tenido una oportunidad de vivir y poder reivindicarse. Se dijo: cuando logre mover todo mi cuerpo, voy a transmitirle al mundo entero lo poderoso que podemos ser cuando entendemos quienes somos realmente.

Así fue como Andrea comenzó a disipar la nube que no dejaba ver su verdadera realidad. En su silencio absoluto comenzó a meditar. A conocer quien realmente era. Cuando tuvo silencio y paz, su actitud cambió y las puertas de todo lo que ella pensaba era imposible, se abrieron. Comenzó a sentir cómo poco a poco podía mover los dedos de las manos y de los pies. Comenzó a sentir cómo se iba regenerando cada célula de su cuerpo, con solo enviarles pensamientos positivos y energía.

En esos momentos de comunión con ella misma, pasaron muchos episodios increíbles. Cuando meditaba, sentía cómo la energía iba y se alojaba en cada rincón de su cuerpo. Cómo esa energía restauraba cada espacio de su ser. Ella no sabía de tiempo. No había angustia por el tiempo. No existía el tiempo. Sus órganos iban evolucionando. Hasta que pudo abrir sus ojos. Hasta que logró pronunciar una palabra.

La primera palabra fue "Perdón".

Después pudo hablar seguido, caminar y leer. Andrea se aferró a la lectura. Leía constantemente todo lo que se relacionaba con la espiritualidad. A medida que leía podía comprender el objetivo de su mejoría. Al estar recuperada por completo, decidió ir en busca de un libro que le habían recomendado y que solo se podía encontrar en un lugar especial cerca del centro de la isla. Era una librería que siempre había tenido ejemplares exquisitos que normalmente no se conseguían. Decidió viajar Tierra adentro. Al llegar a la librería, la puerta se encontraba cerrada. Vio una mujer parada esperando a que abrieran.

-Creo que hay alguien, la luz está prendida –dice la mujer.

Al voltear hacia la puerta, Andrea vio el timbre, lo tocó y al poco tiempo salió una mujer extraña. Una mujer de otro mundo. La mujer saluda y se presenta.

-Hola mi nombre es Giselle.

Su cara le parecía familiar, pero no lograba recordar.

Todas entraron a la librería y fue tal la sorpresa cuando ambas estaban en busca del mismo libro. Andrea, al escuchar el requerimiento de la otra mujer, se quedó pensando. Um... pensó, esta es una señal.

La dueña de la librería, en cuanto miró a Andrea de cerca, se extrañó. Giselle entra al almacén en busca de los ejemplares. Al llegar a la caja registradora, les dice:

-Qué casualidad que estén en busca del mismo libro.

Ella voltea y mira el rostro de Andrea y le pregunta:

-¿Cómo llegó a usted el nombre de este libro?

Andrea, a punto de responderle, interrumpe su respuesta y le pregunta:

-¿La conozco de algún lugar?

Cuando Giselle le dice quien es, Andrea comprendió la extrañeza del rostro de la mujer y recordó el daño que le había hecho a tanta gente por su falta de profesionalismo. Claro que recordaba aquella madre. La madre de Rafael Muñoz. Un niño diferente. Un niño con una capacidad de conectarse con seres de otras galaxias. Un niño sensible. Un niño transparente. ¡Oh Dios, qué duro es recordar lo que hice! Qué ciega estaba y que claro estaba ese niño. No lo dejé expresarse y tomé la decisión más fácil: doparlo con químicos.

Qué sentimiento tan triste llegó a su corazón al ver de frente a esa madre que le puso en sus manos a su hijo, creyendo que por ser psiquiatra iba ayudarlo. Qué pena sentía al haber traicionado los códigos de ética que le dieron en el momento de su graduación.

Cuando miró a esa madre que ahora se veía tan distinta, tan segura de sí misma, no pudo aguantar las ganas de llorar.

-No se preocupe, ya todo está bien –dijo Giselle, quien emanaba tanta luz y paz por su parte.

Las dos mujeres procedieron a pagar.

-¿Después de leer este maravilloso libro, nos podríamos encontrar aquí mismo para discutirlo?

A Andrea le pareció una gran idea e inmediatamente accedió. La otra mujer tenía cara de felicidad al escuchar la proposición.

-Con todo gusto -replicó.

Quedaron en verse en cuatro días, el 24 de abril a las 4:00 de la tarde.

4

RAFAEL

El contacto

Todos los seres humanos tenemos la facultad de poder comunicarnos con nuestro Ser superior. Cuando nos aferramos a no perder esa conexión, no hay nada que se interponga en nuestro deseo.

Rocío García

¿Por qué me siguen hablando, no entienden que ya estoy grande? gritó Rafael. Tengo 14 años escuchándolos. No entienden que el mundo hermoso y maravilloso del cual tanto me hablan no existe en mi realidad. Ya no sé qué hacer con ustedes. Cuando le cuento a alguien sobre ustedes, todos se ríen de mí o en caso extremo me llevan al psiquiatra para hacerme olvidar. Desde que tengo recuerdo, escucho, veo y siento seres que me dan mucha paz, pero cuando salgo de esa conexión, me encuentro con un mundo lleno de infelicidad.

Mis padres son un caos. Mis amigos y las familias de mis amigos, también lo son. Cuando llego a mi casa lo único que veo sincero es a mi perra Greta. Ella sí es de verdad, pensaba. Es noble. Esa chica, la prima de mi amiga Marianita, cada vez que la veo, logro divisar encima de su cabeza un aura inmensa color violeta. ¿Por qué será que solamente a esta chica puedo verle esa hermosa luz? Me atrae tanto y a la vez me da tanto miedo, se dice.

Estos seres siempre me han dicho que debo hacer algo importante en la Tierra. Que debo transmitir lo que ellos me han enseñado a todos los seres humanos. Que debo ayudar a quitar de sus mentes el velo y las nubes que no permiten que pueda ver lo que realmente son, pero me pregunto: ¿Cómo puedo hacer eso? Si durante toda mi vida le he transmitido esa verdad a las personas que he tenido cerca y lo que he conseguido es que me dopen.

Los químicos que me han suministrado han sido un veneno para mi cuerpo. Mis padres han estado de acuerdo en proporcionarme esos químicos que hacen que sea uno más de ellos y olvide lo que para ellos son cosas de niños como los "famosos amigos imaginarios". Cómo podría comunicarles a los otros, si mis padres, mi familia, mis amigos, los psicólogos y psiquiatras no me creen. He tratado de callar a estos seres, pero ellos persisten en seguir hablándome. Coloco a todo volumen música en mis oídos, tomo pastillas recetadas y lo último que hice fue beber alcohol y nada. Cada día estas voces son más fuertes.

Cómo puedo decirles a las personas que la vida es bella, cuando en mi casa la vida es fea. Mi madre vive deprimida, me grita, y ahora dice que confíe en ella, que puede ser mi amiga. Cómo puedo confiar, si cuando lo he hecho me ha defraudado. Mi padre vive en su mundo de superioridad y de odio. Odia todo a su alrededor, hasta a él mismo. Cómo es posible que este hombre al cual me refiero como mi padre tenga las herramientas para entrar en mi mundo y sin embargo no se da cuenta. Me critica tanto por mis ideales. A pesar de trabajar en lo que trabaja y de poseer esa grabación que ni él imagina que yo reproduje. Cómo es posible que esté en el camino y no vea las estrellas.

Cuando mi Ser superior me dijo: busca en el maletín de tu padre un casete el cual en la carátula tiene el símbolo de infinito ∞ Φ Ω, el PHI... y en cuanto lo tengas en tu mano, reprodúcelo y escúchalo. Cuando tuve la oportunidad de estar cerca de su maletín, busqué dentro y rápidamente pude comprobar el símbolo en su carátula. Inmediatamente lo tomé, sacándole un duplicado. Dupliqué hasta la carátula con el símbolo. Al escucharlo, pude descifrar su contenido. Era una frecuencia súper interesante. Esa frecuencia me hizo llegar a mi verdadera realidad, me hizo volar sin tener alas.

¿Por qué si esa grabación estaba en el poder de mi padre, él no se había percatado de esta verdad? Qué extraño, que mi padre, un ser tan inteligente, no haya podido descifrarla, si era esa la razón -reflexionó Rafael.

¿Qué quieren ustedes de mí? ¿Digan, qué quieren? ¿Por qué no decidieron conectarse con mi padre? Hubiese sido más fácil. A él le hubiesen creído -grita a las voces.

Esa tarde eran las 2:00 p.m. del 20 de abril. Rafael ya no podía más con tanta angustia. Lloró tanto y gritó tanto, que sentía que sus ojos se sobresalían de su lugar. En ese momento decidió no pelear más y se dejó llevar. Aun despierto, pero con los ojos cerrados, Rafael vislumbra una imagen de un ser que le decía:

-No te desesperes. No estás solo, hay más personas despertando. Estamos cerca, ya vas a comenzar a trabajar. Espera el momento. Lo vas a saber. Tú padre es una pieza clave en toda esta renovación, en su mente hay tanta información, que no le permite conectarse. Él, a través de ustedes, va a comenzar a despejar toda esa biblioteca ambulante que no lo deja tener paz. ¿A través de nosotros? -pregunta Rafa. No escucha respuesta. De repente Rafael le dice al Ser:

-Quiero que entres en mi cuerpo y me ayudes a cambiar todo esto que estoy reflejando. Deja que pueda ver, sentir y expresarme a través de ti. Por favor.

Rafael no sabía cómo esas palabras salieron de su boca. Él estaba en éxtasis.

-No es necesario que pidas que esté dentro de ti, ya estoy dentro. Tú eres yo y yo soy tú, porque yo soy tu conciencia. Todos los seres humanos somos uno. La diferencia entre ellos y tú, es que tú no te desconectaste de tu verdad. Las otras personas pensaron que la verdad estaba fuera de ellos y el miedo se apoderó de su realidad. Tu padre tiene una de las herramientas (la ciencia) pero tú y el resto del grupo tienen la primera herramienta que es la espiritual. Falta poco para que la espiritualidad y la ciencia se unan de una vez y por todas y eso ocurrirá pronto. La grabación que tienes y la información del libro son las piezas necesarias en conjunto con el corazón de cada uno de ustedes.

-El libro te va ayudar a reunir a las personas que estarán preparadas para comenzar la limpieza. El libro ya está en manos de las personas que debe de estar. Muy pronto oirás de él –le dice el Ser.

-Tu Madre es una de esas personas.

Hubo silencio por unos minutos. La voz de Rafael sonó con disgusto.

-¿Qué dices? –resuena Rafael.

- Me estas mintiendo. ¿Cómo puede ser posible? Mi madre es una mujer enferma de dolor.

-Tu madre ya despertó. Todo lo que tienes dentro de ti es un reflejo, es un simple espejo de lo que está fuera. Desde el momento que decides no pelear más, todo en tu exterior comenzará a cambiar. Tu madre, tú y muchas personas más, ya dejaron de pelear.

Rafael quedó sumido en un sueño que duró unas horas. Al despertar, estaba bañado en sudor, pero en paz. Decide salir de la cama y se dirige al baño. Al salir, escucha un sonido que provenía de la cocina. Se dirige a la cocina encontrando a su padre organizando y limpiándola. Julián voltea hacia la entrada, observando la figura de su hijo. Se saludan y Rafa le pregunta:

-¿Te ayudo?

-Por supuesto, Rafael, gracias.

Terminan de recoger y organizar la cocina. Rafael se retira a su cuarto y Julián se sienta en el sofá y mira la hora. Son las 8:00 de la noche.

-Qué tarde es y aun no ha llegado Giselle.

En la mesita al lado del sofá, yace un libro de ciencia que habla de la Teoría de cuerdas. Julián voltea y lo toma para comenzar a leer. Pasaron 10 minutos. Greta comenzó a ladrar, su cola no dejaba de moverse al sentir que en pocos minutos llegaba su dueña. La mujer que la mimaba.

Se oyen unas llaves y acto seguido entra Giselle, con una sonrisa, su cartera en hombros y un libro debajo de su brazo. Al pasar y darse cuenta que estaba Julián en el sofá, lo saluda dando las buenas noches. Julián devuelve el saludo. Giselle coloca el libro en la mesa y su cartera en la silla. Rafael, al oír la voz de su mamá, sale del cuarto encontrándose de frente a ella. Giselle lo abraza y le da un gran beso.

Rafael la saluda, se sienta en la mesa, esperando a que su madre entre en la cocina y se diera cuenta de la limpieza. Al estar sentado en la mesa, Rafael se percata del libro mágico. Lo toma y lee la portada: El camino a la Transformación. Se encuentra con los mismo símbolo ∞ Φ Ω que contenía la carátula del casete. La expresión de su rostro era de asombro. Recordó lo que el Ser a pocas horas le había dicho. El libro mágico, la piedra y la grabación, en conjunto con estar en el ahora pendiente de los pensamientos, más el perdón, son las piezas que necesitan tener para aclarar toda la verdad. Estoy tan feliz que mi madre haya despertado. Se dijo.

Rafael decidió no decir nada al respecto. Giselle, saluda a Greta y se dirige a la cocina. No se escucha nada. Rafael y Julián estaban a la expectativa de la reacción de Giselle. Giselle sale de la cocina diciendo:

-Gracias, qué sorpresa, gracias.

Ver el cambio de su papá, de su mamá, el libro mágico, los símbolos y la grabación, era la prueba perfecta para sentir que estaba a punto de haber un cambio en la historia de la vida. Esa tarde del 20 de abril fue la más maravillosa de Giselle y de Rafael. Fue la renovación de Giselle y el renacer de Rafael. Giselle hizo algo de comida y se retiró a descansar. Esta vez dándoles las buenas noches a todos.

La mañana siguiente, Giselle abrió los ojos. Tenía una sonrisa en sus labios que demostraba que todo lo ocurrido no había sido un sueño. Se volteó para darles los buenos días a Julián, pero no había nadie a su lado. Se paró de la cama. Se cepilló y esta vez se miró diferente en el espejo. Se vio radiante. Gracias Dios por escuchar mis plegarias. Esta es una nueva vida. Me siento viva de nuevo. Si esto que viví es la iluminación, pues he sido iluminada.

Se duchó. Se vistió y se dirigió a la cocina. Preparó café. Se sentó y le ofreció café a su marido que estaba a punto de salir. Éste con un gesto gentil lo aceptó. Se despidió y se fue. Rafael aun con el cabello mojado y su bolso colgando en su hombro también se iba. Abrió la puerta y dijo:

-Nos vemos mamá.

Giselle estaba tan feliz. Era una sensación agradable la que sentía. Permaneció un rato más en la casa sentada en la mesa de la cocina con su café y Greta a su lado. Se pregunta: ¿Por qué Greta será tan feliz siempre? ¿Será por qué no le está poniendo etiquetas a las cosas y no tiene pensamientos?

Esa mañana del 21 de abril, Giselle salió directo a la tienda con una actitud diferente y agradable. Eran las 9:30 a.m. La tienda estaba organizada. En su interior emanaba un olor a jazmín que salía de un cono que había prendido la noche anterior. Con una taza de té y el libro mágico en su mano se sienta en su sofá, quedando embelesada al leer cada línea. Era como si estuviera consiguiendo respuesta a todo lo que había estado experimentando días atrás. El libro mágico la estaba llevando a recordar quién era y lo equivocada que había estado. Lo impresionante de todo es que no sentía remordimientos, miedo, ni tristeza por los errores que había cometido. Parece que no estaba dejando que se interpusiera el ego.

Después que se vio desprovista de todo, cuando sintió morir y revivir, comprendió que todo lo que había pasado en su vida había sido un aprendizaje. Ahora cada pensamiento que llegaba para perturbarla, lo observaba y lo convertía en amor. Los pensamientos se diluían, el ego se esfumaba. Al pasar la siguiente página, sus ojos se cerraron y por unos minutos quedó en un silencio absoluto. Comenzó a llegar a su mente un recuerdo de su niñez. Recordó cuando tenía 8 años y se vio sentada hablando con un Ser. Ahora entiendo por qué me preocupaba tanto que Rafael nos contara sobre los Seres. Claro, si yo también los veía y hablaba con ellos -recordó. Cuando le conté a mis padres, casi me condenan. ¿Cómo pude borrar ese recuerdo de mi mente?

Su mente queda en silencio otra vez. De repente vio la imagen de ella llorando en un rincón de su cuarto. Le dolían los brazos. Su papá le había pegado salvajemente con una correa al escuchar su historia. Su padre le hizo jurar que ella no iba a comentar esa visión a nadie, ya que esas visiones eran de gente poseída por el mal. Decidió borrarlo de su sistema.

Aunque esa escena le dolió, no reaccionó como en otras ocasiones. No hizo de ese recuerdo una tragedia, solo dijo: perdono a mi padre. Ya entiendo mi reacción hacia Rafael. Qué pena con mi hijo. Debo resolver esta situación.

A medida que leía, iba dejando el espacio libre para que se diera la conexión con su SER. Iba recordando quién era en realidad.

Giselle reflexiona:

Ese momento donde sentí tanto miedo. Donde me sentía perdida a causa de mi vida. Cuando ya estaba cansada de sufrir. Cuando no tenía fuerzas para luchar más y me dejé llevar y no quise controlar nada más, fue cuando se acabó todo mi sufrimiento, fue cuando culminó mi mentira con respecto a la vida.

Me imagino la experiencia de mi "muerte" (la muerte de mis mentiras): ¿Será, la misma experiencia que siente una persona cuando está en sus últimos momentos, en su lecho de muerte?

Cuando decides no luchar más, cuando simplemente te dejas llevar sin controlar nada más, dejándote guiar por el camino de paz, amor y felicidad, la calma te invade hasta sentir que no hay cuerpo, solo espíritu. En mi caso, al regresar, comprendí que nunca morimos, que lo único que muere es nuestra carne. Comprendí que no existe el dolor, que el dolor es una ilusión. Cuando pensé morir, sentí una felicidad tan grande que el dolor emocional se esfumó. Esa felicidad me despojó de todo ese sentimiento de tristeza que chupaba toda mi energía. La felicidad hizo que me conectara con mí conciencia. Después de este encuentro tan maravilloso, mi vida cambió por completo. Soy la verdadera Giselle.

Ya eran las doce del mediodía cuando suena el timbre. Giselle sale de su reflexión, esta vez con una calma y serenidad indescriptibles. Abre la puerta y se encuentra con Jimmy trayendo en sus manos una bolsa con el almuerzo. Giselle le dio una gran sonrisa y le dio las gracias. Jimmy se quedó abismado, ya que nunca hubo una sonrisa de parte de la Sra. Giselle para él. Para Jimmy fue una gran sorpresa el cambio de Giselle. Le gustó tanto que antes de marcharse le regaló su mejor sonrisa.

Giselle almorzó, disfrutando cada bocado de la comida. Termina y se dirige a su sillón a meditar. Esta vez, con más sabiduría que antes. Se dejó llevar por su respiración y comenzó a relajarse perdiéndose en un mundo donde todo era perfecto. Transcurrida una hora, Giselle se despertó con una sonrisa en sus labios, descansada y con muchas ganas de contarles a todas las personas lo que había descubierto. Al abrir la tienda, ya había personas en fila para poder entrar. Esto nunca había pasado antes. Las personas entraban y salían de la tienda con uno o varios libros. Las personas que llegaban frecuentaban la librería, se sentían a gusto de estar ahí y de poder compartir con Giselle diferentes temas. El que más les apasionaba era el mismo que un día hizo despertar a

Giselle. Parece que no soy la única que estoy despertando a esta realidad -se dijo.

Sus días en la tienda se hicieron fascinantes, tan fascinantes que ahora contaba con una compañía importante, la compañía de su hijo Rafael. El muchacho comenzó a frecuentar y a participar en las discusiones de los temas que allí se estaban efectuando.

Al salir de clase Rafael, se apresuraba para no perderse ninguna información que le fuera ayudar a su propósito. A medida que pasaban los días, el volumen de personas iba creciendo, ya Giselle y Rafael no se daban abasto. A la hora de cerrar ambos terminaban exhaustos.

-Mamá, creo que necesitamos ayuda. ¿No crees?

Giselle, se queda pensando, y dice:

-Esto que está sucediendo es mágico. Qué feliz me hace ver a mi hijo compartiendo conmigo.

-Mamá, ¿no me escuchaste?

-Claro mi amor que te escuché, solo estaba pensando... ¡Sí! debemos buscar a alguien lo más pronto posible.

A la mañana siguiente, al llegar a la librería, Giselle encuentra a una chica esperando en la entrada. Era una joven de contextura muy delgada, de estatura petit, su piel era como el color de la nieve y sus mejillas sonrojadas mostraban una apariencia angelical. Giselle la saluda y le dice:

-Si me da unos minutos, ya la atiendo. La chica le sonríe.

-Tranquila. Yo espero. No se preocupe.

Giselle entra, enciende las luces. Ordena algunas cosas y le pide a la chica que entre.

La chica comenzó a buscar en los estantes de metafísica. Miró anaquel por anaquel. Allí pasó un rato. Giselle, ya curiosa, le pregunto:

-¿Busca algún libro en especial?

-Sí, pero no lo veo aquí.

-¿Dígame cuál es el nombre del libro?

-El autor es una incógnita, pero el libro se llama: El camino a la Transformación.

Giselle, tragó. Miró a la chica por un rato y le contestó:

-Sí, aun quedan dos por aquí.

Va hacia el depósito y solo encontró un ejemplar. Se quedó pensando y se preguntó: ¿A quién le habré vendido el otro libro? Pero no lograba recordar. Qué extraño, se dijo saliendo del depósito y entregándole el libro a la chica.

-¿Cuánto le debo? –preguntó la joven muy emocionada.

-¿Vives por aquí cerca?

-Si, en un apartamento muy cerca de aquí.

-Disculpa que te pregunte: ¿Trabajas?

-No, solo estudio de noche en la universidad.

-¿Te gustaría trabajar aquí?

La chica se queda pensando.

-Por supuesto que sí.

-¡Qué bueno! Ayer mi hijo y yo hablábamos de contratar a alguien y, de repente, apareces tú. ¡Dios y el universo son grandiosos! Sé que eres la persona indicada para trabajar aquí. ¿Puedes comenzar mañana?

-Sí, por supuesto, e incluso, si le parece empiezo desde hoy como prueba –dijo, dibujando una pícara torcedura de boca que abría un delicado hoyo en el lado derecho de su cara.

Giselle río y le preguntó a la chica:

-¿Cuál es tu nombre?

-Soy Rebeca.

Rebeca quiso pagar su libro, pero Giselle le hizo un gesto de negación con la mano y le dijo:

-Este hermoso libro mágico es un obsequio para ti.

La chica le dio las gracias y se despidió con una gran sonrisa.

-Rebeca, aun no te he dicho cuánto es el salario.

La chica sonríe y le contesta:

-Estoy segura que será lo que realmente necesito.

Giselle y la chica se sintieron a gusto. Ellas hablaban el mismo idioma. Rebeca, una chica súper espiritual, hermosa por dentro y por fuera, un ser muy especial. La mejor elección que pudo haber hecho Giselle. Se sentía tan feliz. Su vida estaba cambiando cada momento y eso hacía que viera la vida diferente.

Leía las últimas páginas del libro mágico cuando por su mente se paseaban atropelladamente infinidad de pensamientos plagados de esa información oculta que todos llevamos por dentro. Cada página era mágica ya que pareciera que estuviera escuchando hablar a su conciencia. El libro mágico y aquel recuerdo que apareció de repente en su mente, la hicieron entender a su hijo Rafael. Rafael es un niño sincero, un niño con capacidades grandiosas. Rafael era como yo, con una sola diferencia, él no dejó que nadie empañara su verdad. Me siento orgullosa de mi hijo, se dijo.

Las meditaciones y toda esa enseñanza que estaba adquiriendo la hacían cada vez más presente. Ahora veía la vida tan diferente, tan positiva.

Aquel día que pedí ser escuchada, la intención fue lo suficientemente poderosa como para que me respondiera y de qué manera tan mágica. Doy gracias desde lo profundo de mi corazón, a Dios por poner en mi camino: el libro mágico, al Sr. Urdaneta, la meditación, las chicas y mis recuerdos. Solo faltaba Julián. Tan distante y apático. ¿Será que ya no me ama?, se preguntó Giselle

Sin embargo con Rafael la relación estaba cada día mejor. Desde que ocurrió mi despertar que fue hace poco, mi hijo está más en armonía conmigo. Desde ese día ha estado en la tienda ayudando y compartiendo con los diferentes temas que aquí se han dado ¿Será que mi hijo sintió mi renovación?

Aun no he tenido la oportunidad de pedirle perdón, sé que ya está todo perdonado, sin embargo voy a conversar muy pronto con él y le voy a contar todo lo concerniente a mi renovación. Qué maravillosa se siente la vida después de este despertar de mi conciencia. La mañana transcurrió calmada. Giselle almorzó y descansó. A las dos de la tarde llega su hijo. Rafael camina hacia su madre, la abraza y le dice:

- Mamá, te amo.

Giselle, sintió algo tan hermoso que recorría todo su cuerpo.

-Gracias por decírmelo mi amor, yo también te amo.

Los dos se quedan juntitos por unos minutos.

-Hijo, ¿por casualidad tú vendiste un libro que se llama El camino a la Transformación?

-No mami, lo tomé prestado. Me pareció interesante y decidí leerlo. ¿Lo necesitas?

La cara de Giselle estaba repleta de felicidad.

-No mi amor, tranquilo, léelo. Por cierto yo también lo estoy leyendo.

Rafael le sonrió, pero no le dijo nada.

-Mi amor, desde mañana contamos con la ayuda que necesitábamos. Contraté a una chica muy hermosa y adorable. Estoy segura te va a encantar. Su nombre es Rebeca.

Rafael hizo un gesto de aprobación.

- Eres un idiota, Paco. Naciste en San Juan, hablamos en español, te llamas Francisco y a los Franciscos, en español, les decimos Paco. Tenemos toda la vida conociéndonos, nos criamos juntos y seguirás siendo Paco y no el gringo Frank.

- Y tú eres otro idiota, y lo peor de todo, un amargado. No sabes vivir la vida... o no quieres.

Aquella era una tarde de llovizna ligera en un pueblito a las afueras del campus de CALTEC, en California. En una mesa del Bar de Mike, llamado "The Lame Dog", discutían, como era su costumbre, Julián y Francisco, dos seres inseparables. Criados juntos, mejores amigos y casi hermanos, habían coincidido en la misma universidad. Aunque siempre dispuestos a ayudarse a toda costa, vivían en continua sana competencia de intelecto. La aguda e impresionante inteligencia de ambos servía solo para poner más interesante el juego.

No había nada en común entre aquellos dos personajes más allá de la amistad y el cariño que se tenían; de paso, expresado de una manera extraña, en aquellas conversaciones de todos los jueves en las tinieblas del Bar de Mike.

Francisco era un alma libre. Podríamos decir que sin preocupaciones. De familia adinerada, su capacidad mental amplia le permitía cursar sus estudios con comodidad, por simple placer y curiosidad. Se sentía importante por ser miembro de una de las comunidades intelectuales más selectas del mundo.

Julián era el hombre preocupado, de estricta disciplina de estudio y dependiente de una beca, la cual era bien merecida. Poseía una rara curiosidad por la vida, un hambre desesperada de conocimiento, de respuestas, de verdades científicas.

-Kathy, two more beers! -exclamó Francisco

Luego de colocar las cervezas en la mesa e intercambiar sonrisas, Francisco comentó:

-Esa niña es preciosa, y tiene unas…

-Eres un aberrado –interrumpió Julián-. De paso ya van 3 cervezas.

-¿Y qué? Faltan 10 más. No tenemos clases hasta mañana al mediodía.

- Debo estudiar. Ese eres tú que vives de fiesta en fiesta y lo peor es que eres el segundo de la clase. ¿Cómo le haces?

-¿Y quién es el idiota que está de primero en la clase?

Hubo silencio.

-Tú, idiota, el que más pregunta, el que vive metido en

los libros. Vives escondido detrás de tus ecuaciones y números locos, espiando las estrellitas sin disfrutar su belleza. Eres un amargado.

-Me estás insultando. Yo no espío a nadie, estudio los cuerpos del cosmos desde el punto de vista de la Física. ¿No te interesa saber de dónde venimos y cómo funciona el Universo? Soy un astrofísico.

- No, yo estudio el comportamiento de la materia, de la energía contenida y generada por ella. Yo soy realista y mi trabajo como físico práctico es demostrar las teorías locas que ustedes generan. De paso sea, la mayoría son una verdadera locura. Yo me divierto, ustedes se estresan.

- Eres un loco sin romance.

- No, te insisto, soy realista. Si no lo veo no existe. Si no lo veo a simple vista uso instrumentos ultra poderosos con el Hardron Collider para que mis ojos vean los gráficos en 3D con todo y música.

- Pues yo lo veo en mis ecuaciones, en mi matemática, en mis campos.

- Como las pelotitas sin masa de Highs, eso es bull....

- Mis investigaciones, mis apuntes y mis conclusiones son poesía de Cosmos.

- Si, como no. ¡Y los mensajes extraterrestres y tus grabaciones locas de la música de los Pulsares son una forma de rap en Mi menor! Ja ja ja.

-¿Qué buscas en la vida? ¿Solo diversión? -pregunta Julián.

Aquella conversación estaba tomando un vuelco hacia lo interno de cada quien. Una discusión que ocurría siempre luego de la quinta cerveza.

-Quiero vivir sin equipaje, recibir lo que la vida me dé. Bueno, y de lo que por ahora me pasa mi viejo.

Francisco guiñó un ojo con su clásica mirada de complicidad.

-Y tú, Julián, eres ateo... perdón agnóstico. Perteneces a los libros y al polvo de las bibliotecas. ¡Yo soy el único que te soporta! Ja ja ja.

- No lo sé Paco. Dentro de mí hay algo que falta. Creo que es un verdadero amor. Alguien que me regale una caricia llena de ternura, un hijo, no sé. Que me traiga un café en medio de la noche y luego de un beso me diga: ¡Basta amor! Hora de descansar.

- Así no vas a conseguir novia Julián, a menos que retrocedas en el tiempo. La vida de hoy es diferente.

- Cállate, eres un machista practicante.

- Y tú eres un tonto, mejor fíjate en Kathy cuando venga a traer otra cerveza. Hazme caso y deja de soñar. Estrellitas y ecuaciones no se llevan con el sexo. Buscas un amor de nerd. ¡Vive la vida! Es muy corta y la verdad no existe porque lo que existe NO es verdad.

Aquellas palabras explotaron en el consciente de Julián. Su mirada pensativa indicaba que sus pensamientos se ovillaban en un silencio ignoto dentro de su ser. Eso dio cabida a un intento de consuelo por parte de Francisco.

-Julián, eres más que mi hermano y por eso peleo contigo en medio de estos juegos de palabras y retos. Sin embargo, me preocupa a veces tu actitud, eres un solitario en una búsqueda frenética. Aun tus sueños, en el plano emocional, solo contemplan una pareja, un hijo y un perro encerrados todos en tu jaula de cotidianidad. Eso es aburrido, eso aburre.

Siguió Francisco:

-Mis súper héroes son Batman, Superman y Linterna Verdes, los tuyos son Feyman, Lederman y el amigo Sagan. Yo quiero tener un velero de 32 pies y tú una biblioteca y una pizarra grande. Yo quiero viajar con una chica diferente cada vez y tú quieres un apartamento en un pueblo desierto con una mujer servil y un hijo igual que tú. Sal de una vez por todas de ese pesado caparazón.

Una hora después, Julián estaba en su habitación en uno de los edificios del campus. Recostado, miraba al techo, recorriendo por pedazos su vida, sus esfuerzos, los sacrificios de sus padres. Una simple ecuación pasó por su mente. En este caso era una simple: el + algo + algo = Felicidad. Todo lo que había dicho Paco tenía sentido, pero algo dentro de sí decía que no era él.

Año y medio después obtuvo su doctorado. Paco lo vitoreaba en el acto de recibimiento. El Bar de Mike fue el improvisado salón de festejos para solo dos personas: Francisco y Julián. No hubo palabras, solo perlas de agua salada brotando de los ojos de ambos. Paco se quedaba en CALTEC como profesor asociado encargado de uno de los laboratorios de física de partículas. Después iría a Europa. Julián regresaba a casa, a ver a su familia. Había rechazado una atractiva oferta en el observatorio del Teide en las Canarias. Quería volver a sus raíces.

El abrazo fue eterno. Era la despedida en tiempo y espacio de los mejores amigos.

Solo quedaron sobre la mesa las promesas de seguir en contacto y el último par de cervezas en la mesa del Bar de Mike.

A su llegada a Puerto Rico, sus padres fueron su refugio. No soportaba la inactividad, la falta de su amigo, sus estudios. Pasó un tiempo como profesor de Física en su alma mater, la Universidad de Mayagüez. Sin embargo el vacío era enorme. Su telescopio Meade de 12" era su distracción, algo que tenía como vicio: sus estrellas.

Recibió una llamada de un colega desde el Observatorio de Arecibo. Acudió a la cita con tres horas de de anticipación. Vestía ropa sencilla con la única corbata que tenía, de un marrón horroroso. Desde la sala de espera observó aquél monstruoso plato y sintió que incrementaba su salivación. Aquello era una obra de arte. En la entrevista con el Director de Operaciones, sus manos sudaban mientras que sus pensamientos se ordenaban. Mostraba sin embargo una confianza en sí mismo, la cabeza en alto y el letreo de CALTEC en la frente.

La conversación fue animada. Ante la pregunta: ¿Por qué diría usted que es la persona idónea para este trabajo? Contestó: porque amo esto, domino esto, y porque me siento el mejor, aunque quizás no lo sea; yo pertenezco a este mundo de observación y de investigación.

Estaba hospedado en un hotel del Viejo San Juan. Decidió que debía disfrutar, como capricho, de las raíces de su pueblo. Ya no era un turista venido de California. Empezó su tarde con unas empanadillas y se decidió por la mejor Piña Colada del pueblo. Aún recordaba sus travesuras de High School.

Sonó su teléfono celular. Era la secretaria del Director de Operaciones del Radio Telescopio de Arecibo. Aquella delicada y, a la vez, sensual voz ronca le informaba que su oficina le esperaba en Arecibo a partir del lunes próximo, acompañada de las correspondientes felicidades y bienvenida al equipo. En medio de su enorme sonrisa, con el corazón rebosado de alegría, decidió que era hora de una celebración, así fuera de una sola persona.

Un conocido hotel estaba en diagonal a donde se encontraba parado. Entrando al bar, con la mente revuelta de pensamientos, no vio aquél pequeño escalón, y tras perder ligeramente el equilibrio, con el impulso fue a parar a la humanidad de una delicada figura. Al recuperarse, empezó el protocolo de disculpas acostumbrado, el cual se vio drásticamente interrumpido cuando sus ojos se cruzaron con aquel par de luceros verdes adornados por el cabello revuelto de aquella mujer. Su voz calló de repente. Su cerebro parecía "pistonear" por fallas de combustión. Sosteniendo la mano de aquella chica con el obvio trémulo de sus manos, solo alcanzó a decir: me llamo Julián y estoy muy feliz. Ella, viéndolo extrañada, sin ocultar su asombro, le contestó con picardía: me llamo Giselle y... bueno, también estoy feliz, ¿por qué no?

Julián no sabía qué hacer con sus manos, ni con su cuerpo. Las diez mil palabras que tenía en su mente se estrellaban con el simple pensamiento atascado en su cerebro que solo se repetía para su adentros diciendo: que bella y que tierna es. Aquellos segundos de angustioso silencio se rompieron al caer un vaso al piso proveniente de una mesa cercana.

-Estoy pasando unos días en el hotel y me dirigía a pasear un rato por la vía de la Plaza de las Palomas, hasta que usted, decidió aplastarme el pie. ¿Está de turismo o vive por aquí?

Con los pómulos encendidos por la vergüenza, Julián respondió:

bueno llegué reciente de California pero soy de aquí... bueno, no de aquí, sino de mas allá... de Mayagüez, quise decir... pero ahora voy a vivir aquí.

Julián logró convencer a Giselle de la poca práctica en el arte de la seducción acompañada de los nervios de un crío ante su primer amor. Sintió por dentro, en aquella ingenua y tierna esencia, que aquél payaso le gustaba. Qué hombre tan apuesto, se dijo. Julián era un hombre alto, un poco robusto, ojos muy pequeños color verde agua, de piel blanca y cabellos crespos, color castaño. Esta descripción lo hacía lucir muy jovial. La fisonomía de Julián lo mostraba como un hombre extranjero, parecido a un español y no a un puertorriqueño.

-¿Si deja de tartamudear, me comenta por qué está feliz? Solo le pido que busquemos algún lugar donde sentarnos ya que estamos obviamente obstruyendo el paso.

-No me quiero sentar... bueno sí... obstruyendo claro... pero me gustaría si me lo permite acompañarla a la observación de las palomas... si quiere, es decir....

Giselle reventó en risa, diciendo:

-De acuerdo, permítame entonces recuperar la esencia de un boricua. De paso, no vamos a observar el comportamiento de las palomas, vamos a verlas y disfrutar del paisaje.

Aquella tarde calurosa, la caricia de aquel viento suave pero sostenido del Viejo San Juan, selló las vidas de aquellos seres, con la tinta de la ilusión en el papel de la ingenuidad de sus almas. Aquel paseo de continua tertulia duró más de lo esperado. Vieron caer la tarde y no sentir el pasar de las horas. Se contaron todo y algo más, y entre risas y sangría, empezaron algo que iba a durar, en aquel restaurant español.

Cargar dos docenas de rosas fue el suplicio de Julián de regreso al hotel.

-Eres un exagerado.

-Tú vales mil docenas.

-Eres un loco.

-Solo te quiero robar algo.

Julián tomó una rosa, diciendo:

-Ésta me la quedo yo.

Un flechazo de picardía rebotó en el cuerpo y la mente de Julián, cuando Giselle le dijo:

-¿Y eso es todo lo que me piensas robar?

-¿Que insinúas?

-Eres demasiado inteligente, pero tienes que aprender a pensar. Recuerda, todo tiene su doble sentido.

- ¿Cuándo puedo volverte a ver?

- Pronto.

-¿Cuán pronto?

-¿Te sirve mañana?

A ese día le siguió otro y luego dos más. Llegó el primer beso en la noche del domingo. Julián no sabía ya, qué lo hacía más feliz, si su nuevo trabajo al día siguiente o aquel su otro sueño hecho realidad. Aquel año Julián compartió lo más profundo de su esencia entre sus observaciones, el análisis de los ruidos del cosmos, sus reuniones con el grupo SETI y sobre todo, el cariño y la ternura de Giselle. Sin embargo cada vez el trabajo y la obsesión de Julián fueron ganando terreno.

Al año siguiente, Julián llevaba su laptop a las Bahamas como intruso, como polizón indeseable de su luna de miel. Giselle, sin embargo, no le dio tregua a Julián, entre paseos, cenas y olas en aquel paraíso tropical. Al fin Julián sintió lo que significa dejar que el cuerpo manifieste el amor, al fin sintió algo que no existía para él: vida

Su vida siguió bajo la sombra de lo que su mejor amigo Paco advirtió: la jaula de aislamiento. Cada día que pasaba, su trabajo continuaba en casa: los sonidos del cosmos, el analizador de espectro y la paciencia de aquel ser hermoso llamado Giselle.

La monotonía se vio amenazada por aquella noticia dada en un susurro espontáneo:

-Julián, compra vino caro y queso Manchego.

- ¿Qué? ¿Y eso?

-Acércate.

-Pero loca, debo entregar estos análisis mañana y son las 10:00 de la noche.

-Cómpralo en la tienda de la esquina que está abierta las 24 horas, es urgente.

-Pero, ¿qué pasa?

Giselle casi tocó la oreja derecha de Julián con sus labios cuando le dijo en voz baja y ronca:

-Estoy embarazada desde hace un mes.

Julián no supo qué hacer, si gritar, llorar, reír. Simplemente la abrazó muy fuerte y dijo:

-¡Coño! ... ¡Me visto y voy!

Ocho meses después, aquella noche lluviosa de febrero, Julián tomó entre sus manos, por primera vez un cigarrillo. Sus pulmones rechazaron de inmediato aquel humo de raro sabor. Sin embargo no lo soltó y jugueteó con él entre las manos hasta que el fin lo apagó. Los pasillos del piso 2 del hospital daban abrigo a tres inconfundibles víctimas del pánico y los nervios, a tres desconocidos que esperaban la nalgada y el llanto de sus bebés.

Julián había entrado con Giselle y su barriga puntiaguda. Habiendo dilatado esfínteres y presa del agobiante dolor, insultó y golpeó a Julián que solo trataba de ayudar. Ante lo atónito y la mirada de asombro de Julián y los gritos de Giselle, le pidieron amablemente que abandonara la habitación.

El Doctor Carmona, apareció con su andar despacio y satisfecho y con una cálida sonrisa, se dirigió a Julián diciendo:

-Felicidades, es un niño hermoso, es usted papá.

Julián cayó de rodillas, en llanto y agradeció al doctor como si éste fuera el mismo Dios. En la habitación, besó en la frente con inmensa ternura a Giselle y acarició su cabello húmedo de sudor.

-¡Eres la mamá más bella del mundo! Ya tenemos otro físico en la familia.

De inmediato Giselle arrugó la cara, mostrando su obvio desacuerdo, seguido de una medio sonrisa diciendo:

-Debo descansar un poco, amor.

-Claro mi reina.

-¿Ya cargaste a Rafa?

-¡Estás loca! Y si se rompe.

-Sigues siendo el mismo tonto, amor. Ya te tocará eso y cambiar pañales.

De inmediato Julián mostró una mueca de asco.

-Ya hablaremos de eso, descansa por favor.

Las siguientes horas de Julián pasaron contemplando orgulloso aquella pequeña cosa producto de su amor. Pasaron los años, entre el poco sueño y la dedicación requerida para criar un bebé. Pero ese pasar de los años también trajo la sombra del descuido de la relación.

Julián era ahora el Director de Operaciones del Observatorio de Arecibo. Cual Agujero Negro, objeto de su investigación, su tiempo y su atención se consumían en sus estudios y sus nuevas obligaciones. Se secaba por dentro, desaparecía poco a poco la ternura y la nobleza de aquel, quien en su momento, era testigo y actor de aquella hermosa relación.

Como jardín en arduo verano, la relación se secaba. Había mal humor, y aquel hermoso regalo llamado Rafael se criaba en medio de esa disfunción familiar.

6

REBECA

Giselle y Rebeca hablan

Mas vale algo muy tuyo compartido con alguien en un momento de desahogo, que la suma de todas tus intimidades en boca de todos los que te conocen.

José Perdomo

Al día siguiente, de camino a la librería, Giselle se detuvo en la panadería y se sentó a desayunar. A un costado de su mesa volvió a ver el grupo con el cual su hijo se reunía. Rafael estaba entre ellos. Su rostro reflejaba tanta felicidad, estaba bromeando y disfrutaba como un niño normal.

-¡Qué diferente se veía desde la última vez! Tengo tanto que agradecer, se dijo. Iba de camino a la librería y entre muchos pensamientos de agradecimientos, recordó: hoy es 24 de abril. Es el gran día. Ya habían pasado los cuatro días de plazo para discutir el libro y ella aun no había terminado su lectura. Tengo que sacar algo de tiempo antes de las cuatro, se dijo. Creo que me puedo tomar la hora del almuerzo.

La mañana transcurrió muy activa, pero ahora se encontraba un poco más tranquila con la ayuda de

Rebeca. No me había equivocado al escoger a esa niña tan agradable y segura de sí misma, con tanta cultura, y a la vez tan humilde, y tan llena de dulzura en su trato con la gente. Ella ilumina este lugar y las personas se ven deleitadas con su presencia, pensaba Giselle.

El día que conocí a Rebeca, sentí de inmediato una vibración inmensa. Recuerdo el momento que entró en busca del libro mágico. Fue entonces cuando pude distinguir en su oreja izquierda un aro en forma de un símbolo extraño que cubría parte de ella. Ese día llevaba el cabello recogido y pude también divisar un tatuaje en la parte posterior de su cuello. Era muy pequeño y a pesar de no llamarme la atención los tatuajes, ese en particular me gustó mucho.

A la hora del almuerzo, Giselle conversó un rato con Rebeca. Hablaron del libro y de lo bien que se sentía en tenerla trabajando a su lado. Rebeca a su vez le dijo que era la mejor decisión que había tomado en años.

-Desde el día de ayer que llegué aquí, he sentido tanta energía hermosa. Me siento como si hubiera hecho una peregrinación al Tíbet, le dice. Ayer, después que salí de aquí, fui a la universidad y no tuve clases. Normalmente cuando eso sucede, me quedo charlando con mis compañeras, pero era tanta la atracción que me producía el libro mágico, que salí corriendo a la casa, tomé una ducha, comí algo y de inmediato me vi sumergida por completo en él. Cada página que leía era tan interesante que cuando me di cuenta, ya eran las dos de la mañana. De inmediato lo cerré y me fui a dormir las pocas horas que me quedaban. Al despertar esta mañana pude recordar lo que había soñado. Soñé con los símbolos que aparecen en el libro mágico. En mi sueño yo era la encargada de protegerlos. Eran algo así como un tesoro. Recuerdo que cada uno de ellos me ayudaba a mí y a otros a enlazarnos con el universo. Al conectarnos podíamos ser parte de nuestra verdadera fuente. Fue tan real que sentí que soy parte de esos símbolos. Ya me quedan pocas páginas y estoy desesperada por terminarlo.

Los ojos verdes de Giselle se veían tan brillantes y tan llenos de felicidad al escuchar el relato de Rebeca, que decidió contarle lo que le había ocurrido con el libro mágico y las chicas.

-No te he contado mucho de mí. Unos días antes de conocerte, no era la mujer que ahora ves. Era una mujer muy triste y desesperada. Tan irritada que decidí no luchar más por mis miedos. Cuando eso ocurrió mi vida dio un giro tan grande que comenzaron a suceder cosas mágicas en mi vida. Una de esas cosas fue el libro que estás leyendo. Hace cuatro días vinieron a la librería dos mujeres buscando este mismo libro maravilloso, no sé, pero hubo algo dentro de mí que me dijo que no podía ser casualidad y les pedí que en cuanto terminaran de leerlo, nos reuniéramos aquí para compartir sus experiencias.

-¿Por qué no me dijiste nada cuando vine a comprarlo?

-Porque ya sabía de antemano que ibas a estar cerca de mí.

Rebeca no quiso seguir hondeando más sobre el tema, solo le pidió algo.

-¿Puedo asistir a la reunión?

Giselle acertó con la mirada.

-Me encantaría que estuvieras presente.

- Pero, ¿cómo hago con los clientes?

-No te preocupes, vamos a cerrar la puerta a las 4:00 de la tarde.

A las doce del mediodía llegó Jimmy con el almuerzo. Ahora no solo para Giselle, sino también para Rebeca. Cuando Jimmy mira a Rebeca, siente cómo su corazón bombardea chispas de felicidad. Rebeca sintió lo mismo. Jimmy entrega el almuerzo e inmediatamente se retira sudoroso y temblando de emoción.

-¿Quién será este ángel? –se pregunta.

Giselle se dio cuenta y se sonrió. Comieron y cada quien se retiró a leer. A las dos de la tarde ya Giselle había culminado. Después de la lectura estaba como en una nube, flotando, llena de esperanza y de energía.

-Esto no puede ser casualidad –dice Rebeca.

La tarde transcurrió lenta y en paz. Rafa llegó a la librería con una amiga y Giselle le pidió que comprara jugos, café y dulces para la ansiada reunión.

7

LA REUNIÓN

Cuando estamos preparados para recordar, el universo conspira para que todas las herramientas necesarias lleguen a ti. Solo hazte la pregunta y compruébalo.
Rocío García

Ya eran las 4:00 de la tarde. Giselle, Rebeca, Rafa y su amiga Ana estaban listos para recibir a todos. Tomaron una mesa que tenían en el depósito, y la arreglaron para la ocasión. Todos estaban emocionados, especialmente Rafael, que al fin iba a tener la oportunidad de poder expresar lo que su Ser le había dicho por años. Este es un momento mágico -se dijo.

A las cuatro entra Tanya en compañía de su esposo Alberto, y su hija Laura de 14 años. Tanya saluda a todos y presenta a su hija y a su esposo. Alberto toma la mano a Giselle y siente la energía de una persona que está en armonía. La conexión de energías que hubo entre ellos fue increíble. Ambos lo sintieron. El corazón de Rafael comienza a palpitar rápidamente al ver a la chica de sus sueños. Era la misma chica, de quien reconoció un resplandor de luz violeta que bordeaba su cabeza y su cuerpo. Cuando eso le sucedió, buscó de inmediato información en la internet, encontrando que lo que la chica reflejaba alrededor de su cuerpo era su aura. En eso siente un empujón que venía de las manos de Ana.

-Rafa, la chica –le dice Ana.

-Ya la vi y mi corazón se va a salir por mi boca.

Ana se sonríe. Laura y Rafael tuvieron la misma reacción de emoción. Giselle busca con la mirada a su hijo. Le hace una seña para que estuviera cerca de ella. Rafael va inmediatamente.

-Él es mi hijo Rafael –Giselle le dice a Tanya y a su familia.

Rafael saluda a Tanya y a su esposo y se dirige hacia Laura, la mira a los ojos y le dice:

-Que agradable sorpresa.

-Que causalidad –responde Laura.

-¡Causalidad! –exclama Rafael.

Tanya y su esposo Alberto se quedan conversando con Giselle mientras esperan a la otra chica. A las cuatro y media, llega Andrea, saluda a Giselle y a la familia de Tanya, cuando de pronto mira a Rafael. No entendía la presencia de su psiquiatra allí. Giselle se percata de la situación, camina hacia Andrea y hacia Rafael y le dice:

-Hijo, disculpa por no haberte contado sobre la doctora. Lo olvidé. Cuando Giselle le iba a explicar, Andrea la interrumpe.

-Disculpa Rafael. Te pido perdón desde lo profundo de mi corazón por no haber sido una buena psiquiatra para ti. Estaba completamente equivocada. Ahora quiero reivindicarme ante todas las personas que de alguna forma u otra les hice daño, incluyéndote. Su mirada transmitía amor y sinceridad.

Rafael, la mira a los ojos y le dice:

-No se preocupe doctora, muchas personas están despertando y me alegra mucho que usted sea una de ellas. Él da un paso al frente y la abraza.

Giselle estaba abismada con la respuesta de su hijo. No lo podía creer. Todas las personas presentes se enternecieron con la escena, especialmente Laura, que sentía la hormona del amor deslizándose por sus venas. Cada uno tomó asiento.

Giselle toma la palabra: agradezco a Dios por este momento, al universo y a todos los seres de luz que están presentes. Este es un día memorable, el día de nuestro encuentro. Tras un efímero momento de pausa continuó: voy a hacer un pequeño resumen de quién era y quién soy ahora. Cuando les digo quién era, les puedo decir que no era... No existía, estaba equivocada en todo... en otras palabras, no vivía. Yo morí y resucité. Ahora en este momento les puedo decir quién soy: soy tú, él, ellos y nosotros. Soy espíritu en un cuerpo humano. Ahora sí estoy viva.

Antes de comenzar a leer este maravilloso libro mágico, mi vida no iba bien. En los momentos de descanso empecé a desconectarme de mi cuerpo. Comencé un viaje que cada día se hacía más largo. Una travesía a un sitio que no conocía o que creía que era nuevo para mí. Comencé a sentir de nuevo la felicidad, pero esta vez prolongada. Felicidad que la había sentido muy pocas veces en mi vida; como cuando traje al mundo a Rafael, o cuando conocí a mi esposo o cuando acariciaba a mi perra. En fin, hubo pocos momentos donde fui feliz.

En ese momento de angustia, cuando logré, sin saberlo, desconectarme de mi cuerpo, sentía que flotaba en una atmósfera libre de miedos, en una atmósfera agradable, tranquila y con mucha paz. En ese espacio no había conflictos, estaba desconectada de lo que creía era mi realidad. Estos episodios se hicieron recurrentes en mi vida, tanto así, que comencé a entender que mi vida debería de ser como cuando meditaba y no, como cuando estaba despierta. Fue cuando entendí que debía hacer un cambio en mi vida rápidamente. Debía llevar esos momentos de felicidad a mi realidad y de esa forma viviría eternamente conectada a mi verdadera fuente.

Cuando tomé esa decisión, pude dar un giro a mi vida por completo. Comenzaron a aparecer todos estos momentos asombrosos: como el libro mágico, o cuando apareció

Rebeca, ustedes y estos momentos felices que no se irán jamás. El libro es verdaderamente mágico. Cuando comencé a leerlo, me llamó la atención el tema sobre los niños que estaban naciendo con mucha capacidad de ver y de conectarse. Ese tema me hizo reflexionar sobre la preocupación errada que sentía hacia mi hijo, cuando me contaba sobre los encuentros que tenía con esos "seres". Todos voltearon a mirar a Rafael, quien asintió con la cabeza, sin interrumpir a su madre.

-Este hermoso libro te va abriendo ventanas para que puedas entender que todo el sufrimiento que existe en los seres humanos es solo una ilusión del ego para que te sientas separado de tu fuente. Este fue el mensaje que me dejó este valioso libro mágico. Antes estaba ciega, ahora puedo ver con claridad. Quisiera ayudar a las personas que estén abiertas a escuchar, a que su viaje sea más agradable y menos traumático como el que yo tuve que vivir para despertar.

Todos escucharon con atención, incluyendo Rafael. La mayoría quedaron sorprendidos, ya que esperaban que hablara una persona que siempre había tenido una vida sin problemas. Giselle emanaba una inmensa paz y se veía una mujer con mucho amor para regalar. El único que sabía el cambio que había dado ella, era por supuesto, su hijo Rafael, que conocía el pasado y que después de haber tenido el encuentro con el Ser, sabía de su presente también.

Tomó la palabra Tanya.

-Al leer este libro mágico pude comprender cuál sería la manera de poder transmitir al mundo el camino para encontrar la verdadera felicidad. La ruta que he seguido desde niña para sentirme feliz conmigo misma. Cuando logras estar en sintonía con tu ser y tienes buena actitud, sientes felicidad y comienzas a atraer todo lo que deseas. Atraes personas como nos atrajimos mi esposo y yo, a nuestra hija, amigos, familias y a nosotras. Vivir en el ahora y con amor es como desearía que viviesen todas las personas. Sin preocupaciones, sin miedos, sin ataduras y sin prejuicio. Sabiendo que la verdadera felicidad está dentro de cada uno y no hay que esperar al mañana para encontrarla. Esto es lo que quisiera regalar a todas las personas que estén abiertas a este despertar.

El encuentro con este hermoso libro ha hecho que me sienta mucho más feliz de lo que soy, ya que siento que tengo las herramientas para ayudar a que esta Tierra sea un planeta mejor. En este momento de mi vida puedo expresar en lo más profundo de mi corazón, que llegó el tiempo de trabajar para ayudar a despejar las nubes que no dejan ver la realidad de cada ser humano. Estoy segura que este encuentro se ha dado con ese propósito y este día es el comienzo para este despertar. Me siento agradecida con Dios y el universo por ser un integrante más de esta unión.

El turno de Andrea.

-Estoy aquí, como dice Tanya, por algo importante. Soy psiquiatra y he pasado por una experiencia de muerte.

Sufrí en mi consultorio un accidente cerebro vascular. Esa situación produjo en mí la desconexión con lo que creía era mi verdad y produjo algo maravilloso; por primera vez me encontré con mi verdadera realidad "con mi Ser superior". Con lo que importa de verdad. Estuve en coma por dos largos meses, sin ninguna esperanza por parte de los médicos de que pudiera sanar. Eso me contaron después que desperté. A este episodio de mi vida le hemos llamado un milagro. Sin embargo, en el momento en que sentí morir, fui una espectadora del cortometraje de toda mi vida. De hecho, fue una película. Vi todo lo que había hecho. Las veces que, por falta de consciencia, traté mal a personas que me amaban. Las veces que atendí a pacientes desesperados que pedían ayuda y sin embargo lo que hice fue recetarles medicamentos, sin ni siquiera escucharlos. De igual modo hice en el caso de Rafael. En ese momento sentí desde muy dentro de mí ser, todo el daño que había hecho.

Estaba secuestrada en una prisión sin barras, pero limitada por los confines vagos de mi mente. Estaba desnuda, nada alrededor y sola con mi ser. Recuerdo ese momento que pedí con gritos de silencio, desde mi corazón, otra oportunidad. Quería reivindicar todo error cometido. Aunque en ese momento hubiese sido más fácil seguir por la luz y pasar a otro lugar. Me di cuenta que debía regresar y solo escuché salir de mi cuerpo inmaterial la súplica profunda y sincera de ser devuelta a la mi "vida", a la "Tierra" para sanar, aprender y enseñar.

En el sitio que estaba, no había tiempo, no había espacio, solo algo de mí: mi espíritu. Un pensamiento llegó a mí: puedes regresar, pero por tú propio esfuerzo. Entendí que tenía que trabajar y que tenía que sanar cada espacio de mi cuerpo. No sabía cómo lo iba a hacer, pero estaba segura que lo podía lograr.

Comencé a estar en silencio, a navegar por mi cuerpo sanando cada célula y cada órgano que estaba dañado. Poco a poco fui moviendo cada dedo de mis pies y de mis manos, mi boca, y así hasta lograr estar totalmente restablecida. Todo aquello que me ocurrió fue una bendición. Entender quién soy es lo mejor que me ha podido ocurrir y doy gracias por esta gran oportunidad.

Comencé a asistir a muchas conferencias de personas que habían pasado por experiencias traumáticas, tan difíciles de rebatir como la mía. Experiencia de muerte y regreso. Necesitaba saber que no había sido la única persona en tener la oportunidad de regresar y tampoco la única en aprender a sanar cada rincón de mi cuerpo. No quería más al ego en mi vida.

Necesitaba escuchar a alguien explicar con sus palabras cómo había sido ese despertar, su evolución y qué nombre le daban a ese suceso. Sin embargo esa necesidad de buscar me la estaba creando el ego. En todos mis estudios como médico-psiquiatra, nunca me había interesado por ningún tema relacionado a la regresión, por la sanación a través de la energía, y mucho menos por el tema de la vida después de la muerte. Qué ironía. ¿Verdad?

Un sorbo de agua detuvo por un instante aquel intenso relato.

-Toda esta experiencia hizo que me interesara estudiar sobre la meditación guiada y sobre el tema de la regresión. En además, me interesó mucho la sanación alternativa: el Reiki y conocer sobre la reconexión del Dr. Eric Pearl en sus libros, ya que sin saberlo fue el método que utilicé para sanarme en conjunto con la visualización. Fue de esta forma que decidí impartir estas terapias en mis consultas.

Ahora cada sesión que realizo va acompañada primero de la importancia de escuchar al paciente. Escuchar me ayuda a poder decidir qué terapia debo efectuar. Escuchar cómo han sido sus vidas, ayuda muchísimo. Antes de recetar algún medicamento, trabajo primero con meditaciones guiadas, regresiones, y en ocasiones, el Reiki o la reconexión. Trabajar con estas herramientas maravillosas ha sido muy beneficioso para mis pacientes. Sus ansiedades y depresiones han desaparecido por completo. Este despertar ha logrado en mí un cambio total, como persona y como profesional.

Quiero dejar claro que los psiquiatras son profesionales muy capacitados para trabajar con los pacientes y ayudarlos a salir de su situación. Creo y espero haber sido la única psiquiatra que actuó no profesional. Este libro mágico que nos ha unido, es el que de una manera sencilla hizo que pudiese entender por completo mi enseñanza. Aprendí que cuando te despegas de tus falsas creencias, comienzas a entender lo fácil que es vivir con armonía en la Tierra. Es muy sencillo, solo tienes que desconectarte y escuchar a través de tu corazón. Desde tu corazón puedes pedir lo que deseas, puedes sanar y puedes conectarte con tu verdadera identidad. Cuando leí el libro mágico, éste, de una manera clara, me hizo entender cómo fue que pude despertar, sanarme, perdonarme y poder desear las cosas hermosas que deseo para mi vida y para el resto de la humanidad.

Recordé cómo se debe pedir. Cuando pedí desde lo profundo de mi corazón regresar a la Tierra en el mismo cuerpo físico, lo hice enfocándome en el centro de mi corazón y con mucha fe. En ese momento hubo una voz que me dijo: has aprendido una de las lecciones para ser feliz en la Tierra. Solo después de leer este libro sabio, pude recordarlo. Cuando pides desde lo profundo de tú corazón todos tus deseos son auténticos y por ende se realizan tan rápido que parecieran mágicos.

Mi vida antes de esta bendición era una mentira. Vivía en un mundo equivocado lleno de frivolidades y de miedos. Hoy es el mejor día de mi vida y todos los hoy lo serán. Sé que a través de este hermoso grupo podré contar sobre la información que traigo desde el más allá. Gracias por escucharme, así concluyó Andrea.

Todos se quedaron callados meditando en cada palabra que había expresado Andrea. Después de unos minutos, el silencio se vio interrumpido por la voz de Rebeca.

Hola a todos. Estoy maravillada por todas las experiencias que he escuchado. Me encantaría contarles un poquito de la mía. Tengo 21 años. Mi familia: mi madre y mi padre, me han enseñado que la felicidad está dentro de uno mismo. Mis padres son seres especiales, muy espirituales y han dejado que encuentre mi verdad a través de mis sensaciones. Vivo sola y estudio filosofía de noche en la universidad. Realizo todos los días mis ejercicios de yoga y medito. Esto me ha ayudado a reencontrarme con mi Ser superior quien me ha enseñado que mi vida esté enfocada en el ahora y no en el ayer ni el mañana. Trato de que mi vida sea sencilla. Cuando llegué aquí, al igual que ustedes, vine en busca del famoso libro mágico. Durante el día de hoy terminé su lectura. Este libro es muy sencillo y me ha enseñado que la vida es así de sencilla. Hoy doy gracias a Dios por llevarme a través del camino del amor. Creo que no estamos aquí por pura casualidad. Estamos para realizar la labor de nuestras vidas, y digo nuestra, porque a partir de este momento desearía puedan contar conmigo para formar esta unión de amor.

Quería decirles que ese día que decidí buscar el libro mágico, antes de salir de mi casa, le pedí al universo que me guiara al sitio donde debía estar, y el universo me trajo hasta acá. Ese día que llegué aquí, deseaba encontrar un trabajo, ya que quería depender de mí y de una vez y por todas quitarles la responsabilidad a mis padres, que aunque estaba segura que ellos me ayudaban porque así era su deseo, para mí ya era suficiente. Al entrar aquí en esta librería maravillosa encontré el libro mágico que buscaba, el trabajo que deseaba y el sitio donde quería estar. Escucharlos a todos ustedes me ha hecho sentirme en sintonía con el universo.

Ahora quisiera ser parte de este despertar, porque al igual que ustedes, pienso que si Dios, el universo que es lo mismo, nos unió por medio de este libro maravilloso, fue por una razón y esa razón es, que ya estamos listos para entrar en una nueva dimensión. Estoy segura que fuimos guiados para este encuentro. Estoy segura que vamos a ayudar a despejar las nubes que no permiten que una persona pueda encontrar el "chip" de la verdad y entender los símbolos.

Todos los que habían leído el libro mágico se quedaron pensando acerca de las palabras que había dicho Rebeca, y sobre todo, cuando nombro el "chip" y los símbolos. Pero nadie comentó al respecto. Todas las personas que estaban allí, sobre todo el hijo de Giselle y la hija de Tanya, estaban en la misma vibración. Allí se sentía felicidad y todos estaban de acuerdo que estaban en ese lugar con un propósito.

Alberto, tomó la palabra.

Estoy inmensamente feliz al escuchar cada relato. Son ustedes unos seres maravillosos. Ahora quisiera contar un poquito de mí.

Mi vida ha sido un poco diferente a las de ustedes. Vengo de una familia contenta. Mi madre era una mujer muy trabajadora. Ella nos cuidaba, a mi hermana y a mí, y en además, era un artista con el barro. Una escultora. Con sus manos creaba figuras grandiosas y siempre decía que creaba desde el centro de su corazón. Yo decía que mi madre tenía manos de ángel. Ella también cocinaba tan especial que de cualquier cosa hacia un banquete. Cada vez que probaba su comida, mi padre decía que había llegado a la gloria.

Mi padre era un músico reconocido. Su trabajo era crear, así como el de mi madre. Nunca nos faltó nada. Vivíamos en una casa de madera en una montaña. Cada vez que teníamos que ir a la escuela teníamos que realizar largas caminatas, hasta llegar a un sitio donde nos recogía un transporte. Así pasó nuestra niñez y adolescencia alrededor de la pureza. Nunca nos faltó amor y aunque mis padres no tenían estudios universitarios, pienso que no les hizo falta, porque ambos hicieron algo que muchas personas no hacen, ellos pudieron encontrar dentro de ellos su verdadera vocación. De esa forma, cada vez que mi madre o mi padre tenían que crear algo, lo creaban a través de su pasión y desde ese punto lograban la magia.

Cada cosa que mis padres nos enseñaban, fue una pieza primordial para formar al hombre y a la mujer que ahora somos mi hermana y yo. Desde niños nunca sentimos temor de nada. Siempre tuvimos seguridad en encontrar las cosas que deseábamos. Nos enseñaron que la respuesta a lo que queríamos ser estaba muy cerca en nuestro corazón. Nos decían que no había que dañar a nadie para conseguir lo que quisiéramos. Nos enseñaron que con solo desear desde nuestro corazón y trabajar sin angustia, por arte de magia y por añadidura, nuestros deseos serían cumplidos. Nuestro padre nos decía: tu madre y yo tenemos prueba de eso, solo vean nuestras vidas. Los tenemos a ustedes, tenemos nuestra casa, nuestro prado y trabajamos en lo que nos gusta. Nuestro trabajo está hecho con amor y pasión. Ganamos el dinero que deseamos sin muchas complicaciones.

Nos enseñó a encontrar nuestra felicidad a través de nosotros mismos, sin darle esa responsabilidad a nadie. Nos enseñó a amarnos y a amar a otros. Mis padres se amaron tanto que ambos partieron el mismo día. Cuando conocí a Tanya, sentí de inmediato que ella era mi alma gemela y supe que íbamos a estar juntos el resto de nuestras vidas. De este amor nació nuestra bella Laura. Un ser excepcional.

Todos tenemos nuestras historias. Algunas fuertes o algunas menos fuerte. Lo importante es que estamos aquí por una razón importante. Es el momento de unirnos y ordenar nuestras ideas para comenzar a transmitir con nuestras mentes el amor. Ustedes saben que cuando hay una persona con pensamientos positivos, esos pensamientos son enviados a grupos y se hacen colectivos. ¿Verdad? Todos asintieron moviendo sus cabezas.

Cada uno tiene una verdad que mostrar. Como dijo Rebeca: ayudar a despejar las nubes que no permiten que una persona pueda encontrar el "chip" y los símbolos de la verdad. Este es nuestro regalo de amor.

El reloj mostraba las 10:00 de la noche y nadie se había percatado de eso. Giselle voltea la cara mirando el reloj, se sonríe y exclama:

-¡Que tarde es y qué noche tan maravillosa!

Espontáneamente, pero con visos de plan, pide a todos:

-Vamos a comer y a tomar algo –y los dirige a la mesa que anteriormente había arreglado con tanto amor y cariño. Todos comieron y tomaron el rico té con sabor a limoncillo y menta endulzado con "Stevia", por supuesto.

El rostro de todos reflejaba mucha felicidad y paz. Es como si hubiesen estado esperando este momento por siglos y al fin tenían la oportunidad de hacerlo realidad. Giselle les sugiere reunirse de nuevo el próximo fin de semana.

-Vamos a comenzar a trabajar y a organizarnos para construir una sinergía entre nosotros y poder de esa forma ayudar a cada ser humano a despejar la nube que no deja ver su verdadera realidad. Pienso que debemos darle vida a este mágico libro y eso lo podemos hacer encargándonos cada uno de nosotros de un tema, exponerlo y discutirlo. ¿Qué les parece?

Todos estuvieron de acuerdo.

Giselle dijo:

-Me puedo encargar de la introducción, de averiguar un poco sobre quién lo creó.

Rebeca respondió rápidamente:

-Me encantaría encargarme de los símbolos.

-Y a mí me encantaría encargarme del tema de sanación y la meditación –asintió Andrea.

-Deseo encargarme del tema de la conexión con nuestro ser y del tema de las frecuencias –comentó Rafael.

-Me encantaría encargarme del tema de la actitud –eligió Tanya.

-Te importaría si pudiéramos hacer un equipo con el mismo tema –Laura le pidió a Rafael quien sintió cómo su corazón se llenaba de felicidad.

-Me encantaría –responde de inmediato. Todos se sonrieron con picardía. Rafael y Laura ni se inmutaron al respecto. Estos chicos eran tan seguros de sí mismos que no se abochornaban por nada.

-Quisiera encargarme del tema de la energía y la Moldavita –comentó Alberto.

Todos quedaron de acuerdo y se dieron fecha para el próximo encuentro que sería el sábado 28 de abril a la misma hora, las cuatro de la tarde. Se despidieron con un gran abrazo de corazón y se retiraron a sus casas.

Ana la amiga de Rafa le dijo:

-Rafa, necesito que me prestes ese libro mágico, por favor. Estoy tan ansiosa de leerlo.

-Por supuesto que te lo voy a prestar, pero eso sí, con una condición, que no lo leas con ansiedad. Ella lo empujó y le dijo con una sonrisa cómplice:

-¡No seas tan bobo!

8

LA LIBRERÍA

Solo basta que una persona sienta la energía de amor recorrer por su cuerpo para que otros deseen acercarse a ella, como un imán inexorable

Rocío García

A la mañana siguiente, día 25 de abril, Giselle llega un poquito retrasada a la librería, encontrándose con muchas personas y a Rebeca esperando en la entrada. Estas personas comenzaban a visitar la librería con regularidad. Compraban libros, conversaban sobre algún tema y tomaban té. En lo más profundo del corazón de Giselle, había un enorme deseo de contarle al mundo cómo había sido su despertar. Giselle estaba atrayendo a esas personas para que la escucharan. Estas personas querían participar de algo nuevo, un tema que a muchos les inquietaba. ¿Quiénes son? Y, ¿Cuál era su propósito de vida en la Tierra? En el interior de todos los humanos hay un deseo que les pide a gritos conocer acerca de su procedencia.

Esa mañana, entró a la tienda un hombre y tomó un libro de los anaqueles. El libro trataba de espiritualidad y se titulaba Las siete leyes espirituales del éxito. Su autor:

Deepak Chopra. El caballero, como de unos cuarenta años de edad, le preguntó a Giselle:

-¿Este libro tiene buen argumento?

Giselle no había tenido la oportunidad de leer Las sietes leyes, sin embargo conocía la trayectoria del autor.

-He tenido el honor de leer muchos libros escritos por Deepak, aunque éste en especial lo tengo en fila. Le puedo decir que no ha hecho mejor elección, ya que he leído los comentarios sobre el mismo y han sido fabulosos.

-El contenido de este libro es maravilloso. Léalo y después me dice que le pareció –añade Rebeca. El caballero va al mostrador y realiza su pago. Voltea sus ojos y ve la portada de un libro que le llama la atención El camino a la Transformación.

-Quisiera este libro también –le solicita a Giselle.

Giselle se voltea y mira a Rebeca.

-Lo siento pero ya no nos quedan más ejemplares de este maravilloso libro mágico. Si me da sus datos, en cuanto lleguen, yo le hago saber –propone rápidamente Giselle.

El caballero le da sus datos y le pregunta sobre el contenido del mismo. Giselle se queda conversando con el caballero por más de media hora. Los ojos de Giselle se veían luminosos y su semblante reflejaba felicidad al hablar de ese tema. Desde ese día este caballero y muchas personas más eran asiduos del lugar.

Terminó el transcurso de ese día y cada quien se retiró a sus casas, felices por haber tenido un día maravilloso. Al día siguiente, Giselle, como de costumbre, se encuentra con Rebeca en la entrada de la tienda. Se saludan con un enorme abrazo y se dispone a comenzar sus labores. De repente Rebeca, le pregunta a Giselle:

-¿Cómo vas con la identidad del escritor del libro?

-Muy bien, ya tengo algo listo para la próxima reunión. Y tú, ¿cómo vas con los símbolos?

-Estoy buscando información. Alguien me habló de un ingeniero que vive cerca de aquí. Él trabaja con esas cosas y puede ser que me pueda ayudar, aunque me dijeron que era un científico ateo como todos ellos, pero como sabemos, si voy positiva estoy segura que me va ayudar. El ingeniero de quien te hablo es uno de los mejores en descifrar símbolos. Trabaja como Director del Observatorio de Arecibo.

Giselle miró a Rebeca a los ojos y le dijo:

-Rebeca, yo te podría poner en contacto con él.

-¿Lo conoces? –interrumpe Rebeca.

-Bueno, eso creo. Es mi esposo.

Rebeca se quedó abismada con la respuesta de Giselle.

-¿Me podrías poner en contacto con él?

-Lo intentaré, pero no te aseguro nada. La información que encontraste de él es precisa. Por lo de ateo y también por lo brillante. Ambas se rieron.

-Sabes, tú tienes razón, cuando uno va positivo todo es posible, podemos mover hasta las montañas.

Rebeca se quedó pensando, pero no dijo nada. Al medio día llegó la comida. Almorzaron y cada una se fue a descansar. A las dos de la tarde llegó Rafael en compañía de Laura. Saludaron y se fueron a una esquina a trabajar sobre la presentación del tema. El día transcurrió con mucha actividad, sin darle un tiempo a Giselle ni a Rebeca de trabajar sobre los temas a exponer. A la hora de cerrar, Rebeca le recuerda a Giselle:

-Por favor, consígueme la entrevista con tu esposo. Voy a ti.

-Lo intentaré –responde Giselle.

Al llegar a su casa, Giselle saluda a Greta como de costumbre, encontrando la casa sin Julián. Deja su bolso en la mesa y le coloca la correa a Greta para sacarla a pasear. En la calle se encuentra con Rafael y le dice:

-Hijo, vamos a comprar algo de comer. Hoy no quiero cocinar.

-Muy bien mamá. Te ves muy cansada.

-¿Puedes subir y buscar mi cartera?

-Sí mami –responde Rafa.

Compraron lo que deseaban y de camino a la casa, Giselle le cuenta a su hijo la conversación que había tenido con Rebeca respecto a su padre. Rafael se queda pensando y le pregunta:

-¿Cómo le vas a preguntar a papá?

-Ni idea.

-Si tú quieres, le puedo preguntar yo a ver si pudiera ayudar a esa chica.

-¿Tú harías eso por mí?

-Claro mamá y mucho más. Es más, voy a aprovechar y le pregunto sobre las frecuencias. Mamá, ¿papá está en casa?

-No hijo, aun no ha llegado.

Llegaron a la casa. Cenaron y cada uno se dirigió a su cuarto a descansar después de un día exhausto.

En la mañana siguiente antes de salir de la casa, Giselle le recuerda a su hijo sobre la conversación con su padre.

-Tú padre llegó anoche bien tarde. Déjalo dormir un ratito más.

Giselle se apresuró. Caminó hacia la tienda. Abrió la puerta y al entrar en compañía de Rebeca, sintieron un aroma tan especial. El aroma era a limoncillo. Ellas no sabían de dónde provenía, ya que no recordaban haber colocado algún incienso el día anterior y menos con ese aroma.

-Qué extraño, pero tan agradable este aroma. ¿Verdad Rebe?

-Es estupendo. ¿De dónde saldrá?

Al abrir la puerta al público, muchas de las personas que estaban esperando se colocaron alrededor de Giselle e incluso el caballero que el día anterior se había quedado conversando casi una media hora con ella.

Al ver lo que sucedía, Giselle se dijo: qué feliz me siento. Gracias Dios por este regalo.

Giselle meditó y pensó: todo este cambio que estoy irradiando fuera de mí, ha sido el reflejo de lo que he ido cambiando dentro de mí. Debo estar atrayendo a estas personas y nuevas situaciones a mi vida. Así como es arriba, es abajo, y como es abajo, es arriba –se dijo.

El mismo hombre que días atrás se había quedado con ella conversando sobre El camino a la Transformación, le pregunta:

-¿Cuál fue el cambio que ocurrió en esta librería? Tengo años pasando por aquí y nunca me interesó entrar a comprar algún libro. ¿Cuál fue el cambio? ¿Qué paso? ¿Por qué un buen día a todos los que estamos aquí nos provocó entrar? Compramos un libro, la conocimos y ahora no podemos dejar de estar aquí. En mi caso, estaba deseoso que amaneciera para venir acá. Siento mucha paz aquí. Siento, como si usted me tuviera que decir algo que necesito saber. ¿Por qué ahora y antes no? –pregunta el caballero a Giselle.

-No sé cómo responder a sus preguntas, ya que esto también es nuevo para mí. Hace menos de una semana mi vida era distinta. Una vida con mucho dolor producto de mis pensamientos negativos. Todo se dio de repente. Cuando creía que ya no había arreglo para mi vida, me dejé llevar y ocurrió lo mágico. Un cambio tan grande, que en poco tiempo ha hecho que mi vida diera un giro de 180 grados favorable para mí y para mi entorno. Doy gracias a Dios y al universo por darme esta oportunidad de creer en mí, de entender quién soy. El saber quién soy ha hecho que mi vida sea mágica. En estos poquitos días que han transcurrido después de este cambio, cada minuto están ocurriendo eventos mágicos a mí alrededor. Esta es una prueba de esto.

Sé que ustedes están aquí igual que yo, para recordar y poder subir un piso más de nuestra evolución. Todo está en nuestra conciencia, si escuchamos bien y perdonamos, estoy segura que podemos vivir en la Tierra como si fuera el cielo. Esta es la repuesta que le puedo dar. Sé que mi propósito en la vida es llevarles a todos este pedacito de información. Llegó el momento de despertar. Llegó el momento de diseñar nuestras vidas. Sé que a medida que vayamos disipando los caballos desbocados que son nuestros pensamientos, lo lograremos. Me incluyo porque usted y yo somos uno. A medida que cada uno de nosotros podamos estar en contacto con nuestra conciencia sin que haya perturbaciones, estoy segura que allí entraremos al portal de una nueva dimensión en donde vivir no necesite del sufrir sino del amor.

Ese día Giselle se la pasó conversando. No comió y no necesitó de su meditación, ya lo había hecho con todas las verdades que había dicho. Giselle estaba conectada con su fuente y su hijo era uno de sus escuchas. Rafael estaba maravillado con la conversación de su mamá. Recordó lo que días atrás el Ser le había dicho: tu mamá despertó.

Al llegar las 5:30 de la tarde, sus acompañantes se fueron yendo, quedando Giselle, Rebeca y su hijo envuelto en pensamientos de agradecimiento.

-Rebeca, mami me contó sobre la conversación que tuvieron ayer. Qué casualidad que la persona que buscabas con tanto afán era mi padre. Yo le prometí a mi madre que iba conversar sobre ese tema con él, pero el día de ayer, él llego tardísimo y en la mañana antes de salir fui a su cuarto para hablar con él y estaba profundamente dormido. Te prometo que hoy, si llega temprano, te conseguiré una cita con él.

Rebeca le dio las gracias y le dijo:

-No te preocupes por eso Rafael. Ayer hablé con mi padre sobre el tema y me dijo que conocía a una persona que también era experto en simbología y que por casualidad se había reunido con él. La persona viene de Estados Unidos y estudió lo mismo que tu papá. Su nombre es Francisco y mi papá me dice que es el mejor amigo de tú papá.

Rafael camina hacia su mamá que estaba en uno de los anaqueles arreglando unos libros y le dice:

-Mamá, adivina quién está en Puerto Rico.

-Francisco. ¿Y tú, como lo sabes?

-No sé, Rafa, lo presentí. Ayer cuando tú papá no llegaba, sentí que estaba en compañía de Paco. ¿Y cómo lo sabes tú, hijo?

-Bueno, querida madre, da la casualidad que el padre de Rebeca es amigo de Paco y su padre le consiguió una cita con él.

vida es maravillosa y estoy seguro que estamos en un camino hacia la verdad y en ese camino no puede haber interferencias de nada. Ahora nada ni nadie nos puede apartar de esta realidad. La muestra es que todo el universo está conspirando para que esto suceda. Fíjate en tu despertar, en el de los demás, en la llegada del libro mágico con los símbolos y la Moldavita, en la grabación que tengo en mi poder y ahora en la llegada del hombre que nos va ayudar en todo esto como es Francisco. Todo es fantástico y perfecto.

-Si hijo, tienes razón en todo lo que dices, ¿pero de qué grabación me hablas?

-Ay, mamá, te voy a contar algo que no sé si te va a gustar, pero me siento con el deber de contártelo. Como te había dicho antes, ya sabía sobre todo lo que está pasando. Sabía sobre tu despertar, sobre el libro mágico, los símbolos y sobre una grabación. Esta grabación estaba en poder de mi padre. Mi Ser me pidió que la recuperara y yo le hice caso. Fui y la tomé del maletín de papá y la reproduje intacta. Cuando la recuperé me di cuenta que en la carátula del casete estaban los mismos símbolos que aparecen en el libro mágico, y como tú muy bien sabes, también el libro mágico habla sobre esta grabación. Cuando escuché el casete me di cuenta que se trataba de unas frecuencias que cuando las oyes te hacen conectar con tu fuente. Esto te permite llegar mucho más fácil a la iluminación y a donde todos los practicantes de la meditación quisieran llegar. Es algo mágico mamá.

-¿Cuándo lo puedo escuchar?

-Cuando quieras.

Giselle y Rafa terminan de comer. Pagan la cuenta. De camino a casa, Giselle va pensando en lo maravillosa que es su vida. Como en poco tiempo su vida había dado un cambio tan grandioso. Había ido a comer con su hijo y había tenido con él una conversación muy importante y agradable. La vida era maravillosa. Le dio las gracias a Dios tantas veces.

Ya eran las ocho y cuarenta del 28 de abril, cuando Giselle sale del baño, apurada para ir a su trabajo. Al llegar, encuentra a Rebeca con una pizarra y muchas cartulinas, con símbolos dibujados y con mucha información que ella no entendía. Entran a la tienda y Rebeca lleva sus láminas y su pizarra al depósito, mientras que Giselle preparaba un poco de té para comenzar su día lleno de felicidad.

Giselle le pregunta a Rebeca desde la caja registradora:

-¿Cuéntame cómo te fue con Paco?

-¿Paco?

-Perdón, Francisco –dice Giselle.

-Muy bien, es un hombre fascinante. Le conté sobre todo lo que estamos viviendo. Llevé el libro mágico para que lo viera y cuando lo tomó en sus manos sus ojos parecían confundidos. Me dijo que llevaba haciendo una investigación por mucho tiempo sobre esos símbolos.

-¿No te parece mucha casualidad?

-Francisco me pidió estar en la reunión de hoy. Le dije que lo esperaríamos en la tarde en la librería.

Giselle no respondió y Rebeca se preocupó. Por un momento pensó que había cometido un error.

-Has tomado la mejor decisión. Esta noche va a ser la mejor. Cuando Rafael se entere se va a contentar mucho –por fin comentó Giselle.

-Giselle, Francisco me dijo que también ha estado trabajando intensamente con la Moldavita, incluso tiene una pieza colgando en su cuello con el símbolo que aparece en el libro. Cuando me di cuenta, "casi muero del sobre salto".

Transcurrió el día muy rápido. Giselle preparo té, café y llamó a la respostería para que trajeran unos dulces. Esta vez le dijo a Rebeca que iba a cerrar la puerta de la librería a las 4:00 pm. Le dijo que colocara el cartel de "cerrado" cuando todos estuvieran dentro. Como a las tres de la tarde llegaron Laura, Rafael y Ana que ya se sentía integrante.

A las cuatro comenzaron a llegar los demás, se saludaron con mucho amor y cada quien tomó asiento. Faltaba alguien muy importante, que solo Rebeca y Giselle sabían. El invitado de honor de Rebeca, Francisco. Rafael se dirige a la puerta de la tienda y le pide el cartel de "cerrado" a Rebeca. Ésta le pide que esperen un rato que falta alguien. Rafael, sin preguntar, le dice "está bien".

A los cinco minutos entra Francisco, un hombre muy guapo, alto, con un color de piel aceituna y los ojos más azules que se hayan visto jamás. Al entrar, Rafael voltea a ver a su madre y le hace una mueca con los ojos y la boca, como cuando uno se pregunta, ¿y esto? Giselle se pone de pie para abrazarlo y de igual modo Rafael. Después de muchos abrazos, Giselle lo presenta al resto del grupo y explica la presencia de él allí.

Andrea quedó impactada con la presencia de aquel hombre, no supo disimular su fascinación. Giselle, al darse cuenta, pasa por su lado y le comenta:

-Es soltero.

Ambas rieron a carcajadas, y Paco enrojecido por la presencia de aquella mujer. Todos toman asiento, menos Giselle.

Giselle era la primera en presentar al escritor incógnito de ese fabuloso libro mágico. Camina hacia la mesita donde se encontraba el libro y antes de abrirlo, dijo:

-Este fabuloso libro, el cual nos ha unido para un propósito tan trascendental como es el despertar de nosotros y del resto de la humanidad, ha sido escrito por alguien que no quiso revelar su identidad. Sentí mucha curiosidad y decidí buscar información sobre quién había sido su editorial. Durante el día de ayer tomé el teléfono y llamé a España, a la editorial. Pregunté por la encargada y al cabo de unos segundos me contestó. Le dije mi nombre y de dónde llamaba y ella me respondió lo siguiente:

-Estaba esperando su llamada señora Giselle. Yo me confundí y dije, perdón, ¿sabe quién le habla? Ella me contesta sí, por supuesto, la señora Giselle de la librería El Renacer de Puerto Rico. Yo estaba un poco confundida, pero me quedé tranquila.

-Señora Giselle, ¿está usted ahí?

De inmediato le respondí:

-Sí señora... ay, disculpe, mi nombre es Magali, soy la encargada de la editorial y como le dije antes, estaba esperando su llamada.

-¿Cómo es eso? –le pregunté.

-Hace un año nosotros recibimos un manuscrito envuelto en papel estraza y amarrado con una cinta y una carta que explicaba lo siguiente: "Este manuscrito fue creado para ayudar al ser humano a encontrar de una manera fácil su conexión con su verdad, ya que queda poco tiempo para pasar a otra dimensión y es necesario que se agilice este proceso lo antes posible. No quiero ninguna gratificación por su contenido, solo que puedan sacar 100 ejemplares y distribuirlo en unos sitios que a continuación menciono".

Toda aturdida, interrumpió a Magali y le preguntó:

-¿Quién lo entrego?

-Un hombre de avanzada edad, que por cierto nunca más fue visto, le puedo decir que ese señor era algo extraño. Me explicó que uno de los lugares que mencionaba la carta que debía ser distribuido el libro mágico era Puerto Rico. Lo que más me llamó la atención fue que a Puerto Rico enviaron solo cinco ejemplares y si contamos los libros, aquí solo hay cinco ejemplares. De modo que este escritor envió los ejemplares a esta librería en especial.

-Si esta información me la hubiera dado semanas atrás, no la hubiese entendido –comenté. Ahora tengo la certeza, que todo esto tenía un fin y era que cada ejemplar estuviera en manos de cada uno de nosotros. Al proseguir la conversación con Magali, también me informó sobre unos grupos ubicados en sitios estratégicos. Dijo que ya estaban trabajando en llevar esta información a las personas que escuchaban el llamado. Magali me preguntó si ya nuestro grupo estaba formado. Esa pregunta me dejó pensativa. Le pregunte:

-¿Cómo sabes todo esto?

-Disculpa Giselle, es que no he terminado de contar sobre la carta que venía en compañía del libro mágico. Él o ella, el escritor anónimo, escribió en la carta lo siguiente: "Cada libro va dirigido a personas específicas, y con ayuda del universo, van a coincidir para formar estos grupos".

-Al principio, cuando recibí esta información, me reí y me dije, cuántos locos existen en este mundo. Al pasar los días había algo que me empujaba a coger el manuscrito. Lo tomaba en mis manos y luego lo dejaba, hasta que un día decidí tomarme un tiempo para leerlo. Cuando lo leí pasó algo dentro de mí que de inmediato me hizo pedirles a los encargados de publicación que imprimieran los cien ejemplares. En la carta estaba especificado hasta cómo iba a ser impresa la carátula.

-Hubo otra cosa que me llamó la atención de nuestra conversación y fue que la encargada de la editorial me preguntó si en el grupo de nosotros había un científico. Yo le contesté de inmediato que no, ya que en mi vida solo conocía a dos de estos científicos. Uno es mi esposo que es un ateo y el otro estaba muy lejos. La mujer me dijo algo súper interesante.

-Dentro de poco vas a tener la última pieza que necesitas para completar el grupo.

-Yo me quedé pensando, pero no le hice mucho caso. Cuál sería mi sorpresa cuando Rebeca nos cuenta de la conexión entre su padre y el bienvenido Francisco.

Quisiera tomar un momento para presentarlo. Francisco es un ser maravilloso. Tenía mucho tiempo sin saber de él. Este hombre es el mejor amigo de mi esposo Julián. Ambos estudiaron astrofísica en CALTEC y sus estudios se basaron en todo lo que ocurre en el universo.

Paco interrumpe a Giselle, y le dice:

-Pero quiero que sepan que Julián fue el primero en su clase. También quisiera decirles que el día que vea a mi querido amigo sentado en una de estas sillas, ese día voy a decir que ha ocurrido un milagro. La diferencia entre nosotros es que Julián es un científico recto y yo soy un espiritual empedernido. Sin embargo, hasta ahora, esta diferencia de cómo vemos la ciencia, no ha interferido en nuestra amistad, bueno, no sé si después que se entere de esto... –se sonríe y mira a Giselle haciendo una mueca con sus labios. Una de las cosas que he aprendido a hacer es dejarme llevar por lo que me dice mi conciencia y desde allí trabajo. He aprendido a unir los conceptos científicos con la espiritualidad. También quisiera decir que esta mujer, Giselle y su hijo, son mi familia, y que estoy muy feliz que ellos sean parte de este hermoso despertar.

Durante el día de ayer, cuando me reuní con Rebeca, la hija de otro gran amigo, Carlos, me mostró este libro mágico. Lo hojeé dándome cuenta de que allí estaba una parte estampada de lo que por años he venido trabajando, estos símbolos y las frecuencias. Sentí como todos esos años de trabajo habían dado su fruto. Cuando Rebeca me habló de Giselle y de Rafael, me dije, pues yo quiero ser parte de esto y fue cuando le pedí a la hermosa Rebeca que me invitara esa tarde a esta reunión.

Alberto logra ver en el pecho de Francisco un pedazo de Moldavita colgado a través de una cadena de plata que formaba un símbolo como el del libro mágico. Alberto dice:

-Esto a cada momento se pone más interesante.

Alberto no fue el único que vio el pecho de Paco. Andrea, no le quitó la mirada, no solo a su pecho, sino a todo su cuerpo.

Todos quedaron sorprendidos por la noticia que Giselle había conseguido sobre la procedencia del libro mágico y por la llegada de este nuevo miembro científico como es Francisco. Al terminar toda esta presentación, Giselle abre el libro y dice:

-Creo que sería bueno leer un poquito de la introducción para poder profundizar más en las creencias de este escritor. Si tienen alguna acotación que hacer a medida que vaya leyendo, avísenme y lo discutimos.

EL CAMINO A LA TRANSFORMACIÓN

(el libro)

Introito

Este es un libro fácil de entender. A medida que lo lees vas despejando las nubes que no te dejan recordar tu esencia. Cada vez que lees algo, comienzas a recordar y a sentir dentro de ti sensaciones hermosas que te llenan de bienestar, armonía, felicidad y tranquilidad. Comienzas a sentir tu verdadera realidad. Realidad que siempre ha estado allí recubierta con los pensamientos del pasado y del futuro que a la vez reflejan tu entorno y por eso te desvían del camino. A medida que te introduces en tu mundo interno, comienzas a encontrar tu verdadero camino que te llevará a tu verdadero hogar.

Desde que el bebé se gesta en el vientre de su madre, hasta que sale a la luz, tiene claro cuál es su propósito de vida. Cuando sale a la luz, su vibración baja para poder adaptarse a su nueva existencia. A medida que el niño crece, comienza a diseñar una estrategia para ser aceptado y amado, ya que necesita sentirse feliz y cree que buscando esa aceptación fuera de él, es el camino para sentirse en armonía. Desde ese momento se sale de su realidad. A medida que va creciendo comienza a llenar su maleta de la estrategia más importante: "ser aceptado". Allí aparece el ego. El ego es como el estómago, necesita que le suministren comida (aceptación) para alimentarse. Si eso no sucede, si por alguna razón alguien importante en tu vida no te dice lo inteligente y agradable que eres, entonces el ego dice: ¿Qué pasa, por qué no estoy escuchando lo que debo escuchar?. Entonces el látigo de los pensamientos comienza a trabajar. El loro parlanchín (el pensamiento) dice: "eres un inútil, nadie te acepta, eres desagradable". Allí comienza la lucha fuera de ti. Lo terrible de todo es que no lo escuchas, pero sí lo sientes. En ese momento se activa tu calvario. Comienzas a llenar tu cerebro de muchos miedos. Esos miedos se transforman en pensamientos que te hacen sentir mucha ansiedad. La decisión que tomas antes de llegar a la Tierra es sabia. Es tan sabia que decides en dónde debes nacer y naces.

Cuando decidimos encarnar aquí en la Tierra, sabíamos a qué veníamos, pero en cuanto llegamos a ella tuvimos que bajar, como dije anteriormente, nuestra vibración, para adaptarnos a su dimensión y allí olvidamos todo.

A medida que comenzamos a crecer desde esa misma medida comienza nuestra búsqueda a esa realidad perdida. Nos preguntamos: ¿Dónde comienzo a buscar lo que perdí sin saber qué perdí? Entonces buscamos fuera de nosotros y de esa manera comenzamos a proyectar hacia fuera ese miedo de no saber qué nos hace feliz y cuál es nuestro propósito en la vida. Esa proyección son los gritos desde nuestro interior para que busquemos adentro, pero no lo entendemos y así vamos de encarnación en encarnación como si nos faltara algo. Creamos nuestra familia con el propósito de aprender lecciones que en otra vida no pudimos aprender. Esas lecciones son mostradas a lo largo de nuestras vidas.

En el transcurso de toda esa vida en la Tierra nos empeñamos en tratar de arreglar desde afuera y no desde adentro las cosas que no están en sintonía con nuestra verdadera esencia. Al señor ego no le interesa que encontremos las piezas de nuestro rompecabezas, colocando piezas equivocadas para que no podamos terminar de ensamblarlo. Cuando encontramos las piezas verdaderas y las vamos colocando, comenzamos a diseñar con esas piezas el paraíso del cielo en la Tierra. Ese es nuestro verdadero objetivo, volver a subir nuestra vibración en conjunto con la vibración de la Madre Tierra. Hemos estado desconectados de nuestra fuente por mucho tiempo, pero sé que esto está por cambiar. Ya estamos en el final del sufrimiento. Estamos en el punto final de nuestras mentiras. Mentiras sobre lo que realmente somos.

Desde hace unos años el universo está cambiando, la Tierra está cambiando, nosotros estamos cambiando. Dentro de cada ser humano se está despertando la verdad que había estado tapada con un manto falso de miedos. Desde hace algunos años la Tierra está poco a poco subiendo su vibración y los niños que están naciendo en ese cambio de vibración no han tenido que bajarla para adaptarse. Ellos saben el poder que tienen. Son niños que no se pueden adaptar a una educación que esté por debajo de su vibración, como es la impartida en esta tercera dimensión.

Cuando estos niños cuestionan al profesor y a la institución son inmediatamente catalogados como niños problemas y son enviados a ser evaluados por un psicólogo o psiquiatra. Algunos profesionales acuden a medicamentos. Estos medicamentos logran adaptarlos por un tiempo al sistema de creencias. Entonces estos niños toman la decisión de encerrarse en su propio mundo, no expresando su conocimiento por miedo a ser condenados como niños extraños, pero los seres humanos están recordando su verdadera esencia y están ayudando a estos niños a expresarse libremente.

Hay una parte de estos niños que cuentan con la bendición de unos padres que trabajan en buscar algo más allá de lo que han estado acostumbrados a ver. Padres que están despertando. Estos padres
creen que los niños deben expresar su creatividad y por ende los ayudan a seguir su camino. Los educan ellos mismos y así permiten que puedan expresarse

libremente. Si los padres observaran las inclinaciones de sus hijos y dejaran expresar su creatividad, tendríamos niños excepcionales con un alto nivel de seguridad para poder crear y realizar su deseo como seres humanos conscientes. Ellos nos enseñarían a creer que la vida no es tan complicada como se cree.

Estos niños serían nuestros maestros.

En estos últimos años ha habido muchos cambios en nosotros los humanos. Eso se debe a que llegó el momento de renovarnos. El momento de subir a nuestra verdadera vibración. Hay una gran tendencia a lo espiritual, al amor y a la compasión. Estamos despertando. Estamos evolucionando. Este cambio nos está liberando de viejos paradigmas. Estamos encontrando las respuestas dentro de nosotros mismos. Estamos trabajando nuestros miedos y eso es grandioso.

Este es el cambio que estamos sintiendo en nosotros. Un cambio que nos hace ver lo perfectos que somos. Todas las personas que en este momento se encuentren leyendo estas páginas, saben que ya están preparados para comenzar a transitar el camino que los va a guiar a subir su vibración. Este libro es una guía para que puedas buscar dentro de ti al Maestro, el guía o el gurú. Escribí este libro en conexión por ese Maestro del que les hablo. Fui solo un canal de esta información. No tengo pruebas científicas, solo la fe de creer en lo que me fue transmitido.

Quiero que sepan también que no hay información sobre mí. Este es un regalo que fue enviado para ustedes. Deseo que lo disfruten y que este mensaje los ayude a encontrar a ese Maestro innato que está muy cerca de ustedes, allí en su corazón.

∞

Todos estaban sumergidos en la verdad que expresaba esa introducción. Giselle siguió leyendo.

He leído muchos libros, pero no he estudiado nada sobre escribir uno. Mi intención es comunicar esta información sin ser reconocido por la misma. No deseo fama, ni el dinero que pueda dejar la venta del mismo. Mi recompensa sería el despertar de la humanidad en la medida que cada ser humano vaya despertando y se vean desprovistos de pensamientos basados en el miedo. Estos mismos pensamientos se convertirían en colectivo y muchas personas serían contagiadas de ellos. Viviríamos en el lugar que nos pertenece. Un planeta sin luchas. Un planeta sin miedo. Un planeta mágico. Un planeta de abundancia. Un planeta donde no existe vanidad, no existe la dependencia del ego. Un planeta donde la espiritualidad y la ciencia se unan para siempre. Esto contribuiría con la conciencia universal. Ésta sería mi recompensa.

Deseo compartir con ustedes cómo fue que pude encontrar las piezas verdaderas de mi rompecabezas y de esa manera descubrí la conexión directa con mi fuente.

A medida que mis meditaciones eran más prolongadas, en esa misma medida se iba revelando la información que debía recibir. Estaba encontrando las respuestas a mis preguntas a través de mi Ser superior. Estas respuestas estaban llenas de mucha sabiduría. También recibí en esos comienzos un regalo de un ser hermoso. Este regalo se trata de un meteorito caído hace 15.000 años en la República Checa, su color es verde, y es muy poderosa para la sanación y la conexión. Su nombre es Moldavita.

Esta Moldavita, en conjunto con las meditaciones, hicieron que pudiera visualizar unos símbolos y unas frecuencias que me ayudaron en este camino. Cada palabra escrita en este libro fue el resultado de todos esos momentos de paz y tranquilidad que tú encuentras cuando estás desprovisto de pensamientos del pasado o del futuro y solo te encuentras en el presente con tu verdadera realidad.

La primera enseñanza que recibí fue permanecer en el presente. Estar en el presente te ayuda a identificar los pensamientos que hacen que sientas que no eres un ser perfecto y que tienes carencias. Es como si tuvieras la sensación de que algo te falta siempre. Al identificar esos pensamientos puedes darte cuenta que son pensamientos sin ningún fundamento. Son solo el resultado de nuestro ego que se ha visto desprovisto de alguna adulación.

A continuación encontrarás algunas técnicas que te ayudarán a enlazarte con tu Yo superior y conectar con tu verdadera fuente.

Giselle terminó de leer la introducción y caminó hacia la mesita colocando el libro sobre ella. Todo el grupo estaba en una calma profunda. No hubo ninguna interrupción, no hubo un solo pensamiento discordante. En el ambiente solo se respiraba una paz profunda y un enorme silencio.

9

CAUSALIDAD

(relativo a causa)

Lo que llamamos casualidad no es ni puede ser sino la causa ignorada de un efecto desconocido.
Voltaire

En uno de los viajes que realicé el año pasado por España, comienza a relatar Alberto, hubo una noche que un compañero me invitó a cenar a su casa. Su familia me recibió con tanto amor. Al entrar a su hogar, en el recibidor, había una piedra color verde esmeralda, su textura era diferente a la de una esmeralda, por eso le pregunté a mi amigo qué tipo de piedra era esa y él me contestó: "Es una Moldavita".

"¿Moldavita", ¿el meteorito que cayó en la República Checa? –le pregunté. Dijo que sí, esa misma. En todas las excavaciones que he realizado a lo largo de mi trabajo como geólogo, nunca había tenido la oportunidad de encontrar una de ellas. Mi amigo me contó que alguien muy especial se la obsequió. "Esta Moldavita llegó a nosotros y desde entonces nuestras vidas han sido mágicas", dijo mi compañero.

Al llegar a la sala, me ofrecieron algo de tomar, mientras la hija y la esposa de mi amigo arreglaban la mesa para comenzar a comer. En ese momento le dije: ese meteorito me atrajo mucho. Él se sonrió, pero no dijo nada. Su esposa nos llamó a la mesa. La comida y la conversación fueron estupendas. Al final, cuando ya me estaba retirando, la esposa de mi amigo me preguntó: ¿Trajo algo para leer? Yo le contesté que no, que el libro que estaba leyendo lo había dejado olvidado en la casa. Le conté que me estaba costando quedarme dormido estos días a causa del libro que dejé. La señora tenía en sus manos un libro con unos símbolos. Me dijo que lo leyera, que era un libro mágico. Le di las gracias.

Al llegar al hotel, me duché, me acosté y comencé a leer. Esa noche no pude dormir embelesado con el contenido del libro, fue tanto así, que lo terminé a la mañana siguiente. Estaba encantado con cada página que leía. La información sobre la Moldavita me tenía fascinado. Al día siguiente lo llevé a la oficina y se lo entregué a mi amigo. Necesito comprar este maravilloso libro, le dije.

Me contó que ya no quedaba ni un ejemplar en España.

-¿Cómo lo sabes? –le pregunté.

-Mi familia y yo pertenecemos a un grupo que está trabajando en ayudar a muchas personas a encontrar esa verdad que muestra el libro. Nosotros quisimos comprar más ejemplares pero la editora que lo reprodujo nos dijo que ya habían sido distribuidos en España. La editora nos contó que habían enviado el resto de la producción a algunos sitios estratégicos y creo haber escuchado que tu país era unos de ellos.

Cuando llegó el día de regresar a mi casa, esta familia maravillosa me hizo un regalo y adivinen...Todos se quedan pensando, pero de inmediato Alberto abre su camisa, mostrando su pecho y en ella se asomaba una figura envuelta en una pieza hecha de plata con un símbolo. Eran los mismos símbolos que el libro mostraba. Era la Moldavita. La pieza era la misma que tenía colgando Francisco en su cuello. Todos se quedaron impresionados con la coincidencia.

Prosigue Alberto: una vez en Puerto Rico, busqué en todas las librerías de San Juan, hasta que lo encontré en tu librería, Giselle. De inmediato envié a Tanya a buscarlo y fue cuando me contó tu historia. Yo fui quien dejó esa noche el libro tirado en la alfombra. Recordé que ese día cuando entré en tu librería y encontré el libro en uno de los anaqueles, lo tomé y me senté en el piso para hojearlo, estaba tan feliz de haberlo encontrado que quedé embelesado. Recuerdo que me dijiste: "Señor, disculpe, ya es hora de cerrar". Me puse de pie y me marché dejando el libro abierto sobre la alfombra. Esa noche le pedí a Tanya que lo comprara. Le dije: amor, este libro te va a ayudar a encontrar lo que siempre has querido descubrir. Por favor ve hasta la librería El Renacer y cómpralo.

-No te disculpes por haber dejado el libro en la alfombra ese día, sino hubiera sido por eso, yo no sería parte de esto –comentó Giselle a Alberto.

Francisco se pone de pie y se dirige hacia Alberto, aproximándose a su cuello, ve la pieza y le dice:

-Esto no puede ser una coincidencia. Esta Moldavita... Se lleva sus manos al cuello y toma la pieza que colgaba de su pecho, -ésta también llegó a mí por medio de un chamán que conocí en medio de mucha confusión en mi vida. El chamán me dijo que la usara, que me iba a ayudar a entender muchas cosas de mi vida. Al principio no podía durar más de cinco minutos con ella, me sentía extraño, hasta que poco a poco fui dejándola más tiempo y ahora no me la puedo quitar; ya siento que me falta algo. Este meteorito me ha ayudado a descubrir cosas maravillosas de nosotros los humanos.

Alberto lo interrumpe:

-Qué extraño escuchar de un científico todo esto que dices.

-Nosotros los científicos fuimos educados para dar por hecho cualquier cosa que hayamos descubierto. Ver para creer, pues yo he visto por eso creo...

Los dos se quedan hablando mientras los demás se dirigen a la mesa para tomar y comer algo. Rebeca le dice a Giselle:

-Lo pensé, estos dos chicos iban a hacer un click en cuanto se conocieran. Giselle le hace una mueca dando por acertado su comentario.

En eso se acerca Andrea y le dice a las chicas:

-¡Qué interesante es todo esto! ¿Verdad? –mientras Giselle le pica el ojo a Rebeca.

-Sobre todo ese hombre tan guapo que tienes al frente. Andrea sube la vista encontrándose de frente a Paco. Ambos se sonrieron, ella puso cara de pícara y él, el gesto que hace todo hombre cuando le interesa una mujer. Paco parecía un pavo real. Giselle y Rebe se alejaron, dándole espacio a que el pavo real trabajara sus instintos.

Tanya se une a Giselle y a Rebeca, mirando la escena de los dos tórtolos. Ja ja ja, se ríen las mujeres. En eso Rafael se acerca a su madre diciéndole que su papá estaba al teléfono. Ella le pregunta extrañada:

-¿Tu padre?

-El mismito.

Giselle responde el teléfono sin antes verificar la hora en el reloj.

-Hello Julián, ¿cómo estás? ¿Todo bien?

-No, de verdad nada está bien. ¿Cómo es posible que estés con Rafael y ni me hayan avisado? He estado preocupado por la hora. ¿Extendiste el período de horas laborables? –pregunta sarcásticamente.

Giselle no le sigue el juego y le responde:

-Estoy en una reunión. Aquí todo está bien, así que ya no debes tener preocupación. En cuanto termine mi reunión, mi hijo y yo nos vamos a casa.

-¿Una reunión? ¿Y de cuándo a acá tú tienes reuniones a estas horas?

Giselle decide no seguir con la conversación y le dice:

-Nos vemos Julián, muy buenas noches –colgando la línea telefónica.

Con todo lo que había aprendido Giselle en sus meditaciones y su libro mágico, ya no dejaba que nadie le quitara su felicidad. Al cerrar con Julián, ella era la misma mujer llena de paz. Toma un vaso de vidrio y el tenedor que estaba en la mesa y comienza a tocarlo para llamar la atención de todos.

Queridos amigos, hermanos. El tiempo ha transcurrido muy rápido. Toda la información que se dijo esta noche fue muy importante. Sé que quedó mucha información por tratar, pero como dije antes, esto no es casualidad, esto es una causalidad. Pienso que debemos seguir reuniéndonos todos los días, por lo menos unas horas, para ir exponiendo nuestro punto de vista e ir creando ese grupo el cual nos fue destinado. Pienso que debemos reunirnos después de las seis de la tarde, a la hora de cerrar la tienda o los fines de semana. Sé que por ejemplo Rebeca tiene que asistir a su universidad y los otros tienen sus deberes. Deseo llevar esto a votación.

Después de un rato todos llegaron a un acuerdo y quedaron en reunirse tres veces a la semana. Viernes, sábados desde las seis y domingos a partir de las cuatro de la tarde. Giselle le preguntó a Francisco:

-Frank, ¿hasta qué día vas a estar en Puerto Rico?

-Hasta toda la vida.

El rostro de Andrea se iluminó.

-Entonces eres parte de esto –le dijo Giselle.

Francisco respondió de inmediato:

-Siempre he sido parte de esto.

Todos rieron.

-¿Entonces trabajarías con Rebe?

-Con Rebe, Rafa y Laura, si ellos lo desean.

Los chicos de inmediato se emocionaron.

-Por supuesto Frank, sería un honor para nosotros trabajar los símbolos y las frecuencias contigo –responde Rafa.

Todos ayudaron a recoger. Organizaron las cosas de la mesa, las sillas y cada uno se despidió.

-Nos vemos mañana domingo a las cuatro de la tarde.

Francisco le dice a Giselle:

-Amiga querida, debemos hablar.

-Sí, Frank.

-¿Cómo está la situación con Julián?

-Nada bien, Paco, nada bien... bueno, hablamos mañana. Voy a tratar de llegar más temprano y hablamos un poco. Se abrazaron y Rafael le dio un apretón de mano como todo un caballero.

10

CONTROVERSIA

No hay nada repartido de modo más equitativo que la razón: Todo el mundo está convencido de tener suficiente.

René Descartes

En casa de Giselle comenzaron a haber desacuerdos entre su esposo y ella. Cada vez se hacían más fuertes las críticas que Julián le hacía a Giselle y a su hijo. Aunque la actitud de Giselle y la de Rafael era otra, no era fácil la situación. Julián culpaba a Giselle por haber envuelto en esos pensamientos extraños a su hijo, y aunque él sabía la tendencia de Rafael a comunicarse con seres imaginarios, de todas formas trataba de herir a Giselle. Giselle aprendió a no reaccionar a los insultos de Julián. Eso hacía que Julián no tuviera argumentos para seguir con su actitud.

Cuando Julián se enteró que su mejor amigo, Paco, estaba de acuerdo con lo que para él eran locuras, decidió enfrentarlo, llamándolo ignorante.

-¡Qué bajo has caído, Paco! ¿Qué te fumaste? Estás loco. ¿Cómo puedes estar de acuerdo con esta secta? Eres un científico, fuiste uno de los primeros en tu clase. He perdido el respeto por ti. Francisco le dio su punto de vista. Un punto de vista que tenía lógica, pero Julián estaba ciego. Francisco decidió no seguir discutiendo con él y se retiró del lugar donde Julián lo había encontrado. Francisco estaba esperando la hora para ir a la librería.

Ese domingo estaba soleado y caluroso como era costumbre en Caguas. Francisco caminaba sin importarle el sol devastador que quemaba su rostro, solo estaban en su mente las palabras de ira que su amigo había querido depositar en él. Francisco se dijo en voz alta "que testarudo". Julián por su parte pensaba en la locura, que según él, sus seres queridos habían caído. No había espacio en su mente para creer que lo que no se puede ver con los ojos físicos fuera real y mucho menos que pudiera beneficiar a alguien. Aunque su colega, mejor amigo y hermano, tenía argumentos válidos que cuestionaban su intelecto, se aferraba a la idea que lo único verdadero era lo comprobado por la ciencia y nada más.

Aunque Julián veía el cambio y sentía la paz que por mucho tiempo no había sentido en su casa, eso no bastó para entender que a veces lo inexplicable puede ser explicable. Él creía que su esposa, su hijo y su mejor amigo, habían caído en una mente de una persona enferma que los había cegado y envuelto en esa locura como era la famosa secta. Julián comenzó a cuestionar y a tratar de traer de nuevo la atmósfera gris a su casa. Giselle y Rafael no aceptaron esa situación y decidieron permanecer lo menos posible en esa atmósfera.

Ya era la hora de ir a la librería para la reunión. Giselle había quedado en llegar un poco más temprano para hablar con Francisco sobre la situación de su esposo. Por eso le dijo a Rafael:

-Hijo, voy a la librería más temprano para organizar unas cosas, nos vemos allá.

A las dos de la tarde, Giselle iba caminando hacia la tienda, se detuvo en la panadería para comprar algunas cosas y siguió, encontrando en la puerta a Francisco con una bandeja llena de dulces y unas flores hermosas. Giselle, rápidamente, miró las flores dándose cuenta que habían seis. Cinco color rosa y una roja. Giselle busca las llaves, abre la puerta diciéndole con una voz dulce a su querido amigo:

-Qué bello gesto Frank, tú siempre tan caballeroso –y bromeando le pregunta-, a ver, dime, ¿para quiénes son estas flores?

-Una para ti y el resto para las demás chicas –responde con una mirada pícara. Los ojos de Giselle estaban con una expresión de alegría y picardía.

Francisco, le dice rápidamente sin esperar que Giselle pronunciara el nombre de Andrea:

-Amiga esa mujer me trastornó, me encantó desde que la vi.

-Lo imaginé –contestó Giselle.

-Hablando de otras cosas, hace unas horas me encontré con Julián en una cafetería, creo que fue coincidencia, pero te cuento, ese hombre está hecho una furia. Nunca lo había visto de esa forma.

-Se ve que tenías mucho tiempo que no veías a tu amigo querido. Nuestra relación no está bien desde hace mucho tiempo y creo que está por terminar. La energía que hay en mi casa no es buena y por eso te digo que esta situación no es sana para él ni para mí y mucho menos para Rafael.

-¿Estás segura, Giselle? Ustedes siempre fueron para mí una pareja modelo, e incluso, esa es la relación que siempre soñé tener.

Giselle toma la flor que le acababa de regalar Francisco y su pensamiento se remonta al día en que conoció a Julián, quedándose sumergida en ese recuerdo, mientras que Francisco seguía hablando. De repente Frank se da cuenta y le dice:

-Amiga, ¿estás aquí?

Giselle regresa de su recuerdo, mira a Frank y le pregunta:

-¿Qué me decías? Amigo, ¿cuéntame de tu vida? Te veo tan cambiado. ¿Qué has hecho? ¿Qué te trae a Puerto Rico?

¿Tienes novia? ¿Ya entraste en el carril? Cuéntamelo todo.

-Tienes razón. Soy otra persona. Para mí fue un golpe muy grande la partida de mis padres, eso me dejó muy marcado y me costó mucho entenderlo. Al principio me dio mucha ira y decidí viajar y viajar por todo el mundo. En esos viajes conocí a muchas personas que llegaron a mi vida como una bendición. Estas personas me enseñaron tantas cosas sobre la vida que hicieron que viera la ciencia desde otro punto de vista y con otro fin. Aprendí tanto de estas personas. Conocí sobre la verdadera realidad del ser humano. Entonces decidí cambiar mi investigación. Como notarás, ahora soy una persona más consciente y más humana. En cuanto a alguna pareja, sabes que he sido un mujeriego empedernido toda mi vida, pero desde un tiempo para acá decidí estar solo hasta que llegara mi alma gemela.

Giselle lo interrumpe y en un son de picardía le pregunta:

-¿Ya apareció esa alma gemela?

En eso lo salvó la campana, el timbre de la tienda suena. Giselle camina hacia la puerta, la abre y al otro lado estaba Andrea. Las chicas se saludan. De pie se encontraba Francisco con una de las flores en la mano. A Giselle y Andrea esa escena le dio mucha gracia. Francisco, como todo un galán, saludó con un beso en la mejilla a la bella Andrea y le entregó su rosa roja. El color de las rosas era de un rosa viejo, solo una de esas hermosas flores era de color rojo. Andrea estaba del color de la rosa roja que le había obsequiado.

-Yo también tengo la mía, Andrea, solo que la mía es de color rosa igual que el resto de las otras. Giselle se echa a reír.

Comenzaron a llegar todos los miembros del grupo. Cada una de las personas traía algo para comer y beber. Colocaron todo en la mesa y se prepararon para comenzar. Francisco distribuyó las demás flores al resto de las chicas y se sentó. Todas las chicas estaban fascinadas con el gesto de Frank. Esta vez Andrea comenzó la lectura.

Hoy vamos a comenzar con una parte del libro mágico que se asemeja mucho a la manera que utilicé para sanarme en ese momento tan crítico de mi vida, cuando estuve desconectada de la vida física, cuando estuve en coma.

Francisco no entendía lo que Andrea decía e interrumpe.

-Disculpa, pero creo que me he perdido de muchas cosas.

-Sí –le responde Andrea, pero no te preocupes que pronto comprenderás.

Prosigue Andrea.

Cuando leí esta parte del libro entendí cómo había sido mi curación. Cómo, en ese momento de silencio, en esa atmósfera de tanta comunión conmigo misma, pude aprender a conocer cada rincón de mi cuerpo. Tantos años de estudio, primero como generalista y después como psiquiatra, no me ayudaron a que conociera tanto mi cuerpo como en esos dos meses de silencio.

A continuación leeré cada concepto de esta forma tan bella de sanar y los guiaré a la meditación que allí se describe para que sientan de qué manera tan fácil nos podemos sanar.

Todo lo que Dios creó es perfecto. Una gota del océano tiene los mismos componentes del océano entero. Tú eres esa gota de ese océano, tú eres esa gota de Dios. Tú eres un ser perfecto. Dentro de cada ser humano existe la mejor farmacia. Una farmacia con todos los fármacos necesarios para sanarte. Solo debes acceder a tu interior por medio de la meditación y allí la encontrarás. Cuando hablo de farmacias, estoy describiendo a la energía, esa sensación que sientes dentro de ti mismo, que se asemeja a un hormigueo. Esa sensación de hormiguero es la que te sana. Es como si estuvieras "escaneando" tu cuerpo, desde los pies hasta la coronilla y de allí hasta los pies. Esto permite sanar cada espacio de tu cuerpo y dejar libre el acceso para que la energía pueda circular por todos los puntos energéticos llamados chakras.

¿Qué son los chakras?. Los chakras son vórtices giratorios de energía ubicados a lo largo de la columna vertebral, desde la raíz hasta la coronilla. Cada uno de ellos representa una interpretación de la interacción de nuestro ser con la dinámica del mundo que nos rodea. Contamos con siete chakras en nuestro cuerpo y otros que salen de él hacia el universo y hacia la Tierra. Desearía que puedan cerrar sus ojos y a medida que vaya nombrado cada chakra lo puedan ubicar en su cuerpo y puedan recordar en qué trabaja cada uno. Esto es muy importante para poder despejar cualquier obstáculo que exista en el canal de conexión con nuestra fuente.

El primer chakra está ubicado en la raíz, en la base del cóccix o coxis y su color es el rojo. Es la unión más profunda de tu cuerpo con la madre Tierra. Sobrevivir es su estimulo fundamental. Instinto, supervivencia, seguridad.

El segundo chakra es el sexual. Está ubicado en la pelvis y su color es el naranja. Su impulso es la exploración hacia el placer y el disfrutar de la vida es unos de sus deseos. Emoción, energía sexual, creatividad.

El tercer chakra se sitúa a la altura del plexo solar o celiaco. Está ubicado al final del esternón y su color es amarillo. Biológicamente hablando, en el plexo solar se combinan la fibras nerviosa del los sistemas simpático y parasimpático. Está asociado con la auto identificación y con la auto determinación. Fortalece nuestra voluntad y poder de decisión, al igual que puede determinar los límites de nuestras acciones. Es donde con fuerza controlamos nuestras grandes emociones. Se relaciona con la digestión. El tercer chakra se preocupa del desarrollo del control y en muchas circunstancias no nos deja tomar decisiones por miedo a no creer en nosotros mismos. Mente, poder, control, libertad propia.

El cuarto chakra es el del corazón. Está ubicado, precisamente, en este músculo, impulsor sagrado del manantial de vida en nuestro organismo. Su color es verde o rosado. Es guardián y cómplice de la emoción, la compasión, el amor, el equilibrio y el balance.

Este centro no procesa la información con la máquina del raciocinio. Su lógica, más bien, sigue los impulsos del ser espiritual, de la fuente del bienestar, del "instinto".

Se pudiera decir que es el cerebro del alma.

El quinto chakra está ubicado en la garganta y su color es el azul. Se asocia con una glándula vital llamada tiroides. El nombre de esta glándula viene de su forma de escudo (del latín thyreoides).

Este chakra es el canal de nuestra creatividad, de nuestra expresión como individuo, de la definición de lo que queremos, podemos y nos gusta hacer. Es el motor impulsor de la comunicación y el crecimiento, visto el crecimiento como la forma de evolución espiritual a lo largo de nuestra vida terrena. El chakra de la garganta es la ventana invisible hacia el entorno de nuestro creador interior, de nuestro ser imaginativo, de nuestro ser trascendental.

El sexto chakra es el llamado "tercer ojo" o aagña o agnya . Se ubica en el entrecejo. En las representaciones del dios Shivá lo vemos en su frente. Su color es índigo. Es el chakra del tiempo, la percepción y la intuición. Este chakra está muy relacionado con la glándula pineal. Teosóficamente hablando, se puede considerar como el puente de la trascendencia entre la conciencia pensante y la conciencia espiritual (nirvichara) Desde ese punto energético podemos ver sucesos no antes vistos por nuestros ojos físicos.

El séptimo centro energético está ubicado en la "coronilla" o tope superior de nuestra cabeza. Su color es violeta o blanco. Este chakra es el integrador de los otros seis con sus cualidades y atributos. Es el chakra maestro y representa el último peldaño de la escalera de la evolución de la conciencia humana. Este centro nos permite la conexión con nuestra fuente y conciencia universal, y así, sentirnos parte de la unidad cósmica.

Estos son los chakras de nuestro cuerpo, pero quiero que sepan que la Tierra, según Robert Coon y otros investigadores, también cuentan con estos vórtices de energía (chakras) y están ubicados en cada continente.

El chakra base está localizado en Monte Shasta, California.

El chakra sexual está localizado en el lago Titicaca, Sudamérica.

El chakra del plexo solar está localizado en Ulurukata Tjuta, Australia.

El chakra del corazón está localizado en Glastombury y Shattersbury, Inglaterra.

El chakra de la garganta está localizado en la pirámide de Giza, Egipto.

El chakra del tercer ojo está localizado en Kuah Malaysia. Irán.

El chakra de la coronilla está localizado en el monte Kailash. Tibet.

Se dice que el sexto chakra es móvil, y se encuentra en diferentes zonas geográficas según suceden cambios energéticos en la Tierra.

-¿Tienen alguna pregunta hasta el momento? –preguntó Andrea.

El grupo completo estaba maravillado sobre esa información referente a los chakras que estaban ubicados en cada continente de la Tierra y aunque cada uno tenía el conocimiento por haberlo leído en el libro, la manera como Andrea lo explicaba era mucho más fascinante, y aunque era inverosímil escucharlo de boca de una psiquiatra, eso lo hacía más atrayente.

Prosiguió Andrea:

Nos preparamos para realizar una meditación con visualización utilizando nuestra imaginación. Vamos a volver a ser esos niños que solíamos ser expandiendo esa imaginación. Vamos a trabajar con cada uno de nuestros puntos de energía "chakras" y con nuestras "células". Recuerden que la célula es la unidad anatómica, funcional y genética de los seres vivos. La célula es una estructura constituida por tres elementos básicos: membrana plasmática, citoplasma y núcleo material genético (ADN). Nos vamos a imaginar la célula y en su núcleo "el ADN" y vamos a enviarle información de sanación por medio de cada chakra.

Comenzamos: Inhala por la nariz lento y profundo llenando el abdomen con cada inhalación. Retienes el aire unos segundos y exhalas lento, vaciando por completo el aire en tu interior; de nuevo, inhalas lento y profundo, retienes, exhalas lento vaciando todo el aire. Una vez más inhalas profundo, retienes y exhalas completamente. Respiras normal sintiendo la energía recorrer por tu cuerpo.

Ahora estás en paz. Relaja cada músculo de tu cuerpo, suelta cada contracción y deja que el cuerpo físico vaya cayendo en la silla donde estas sentado. Imaginas que ese cuerpo físico es tu vehículo orgánico. Este vehículo orgánico cae y ahora estas ligero. No llevas equipaje.

Ahora te sientes relajado. Imaginas una luz sanadora, el color es tu elección. Esta luz penetra el centro de tu cabeza dirigiéndola al primer chakra color rojo, envolviéndolo y colmándolo de paz y de amor.

Desde este primer chakra envías esta luz a cada extremidad de tus piernas <pausa> siente cómo esta energía de luz recorre cada extremidad de tus piernas llegando a la planta de tus pies <pausa> saliendo de ellas como raíces y conectándote con la Madre Tierra <pausa> siente cómo te conectas <pausa> siente cómo se calienta las plantas de tus pies <pausa> Ahora <pausa> estás conectado con la Madre Tierra <pausa> Enviando esa luz hermosa colmada de amor y de paz hacia ella <pausa> Le das las gracias por aceptarte y por darte cobijo <pausa> Le pides perdón por si en esta vida o en otra, por desconocimiento, renegaste de ella <pausa> La Tierra a su vez te da las gracias por estar aquí en el ahora y te perdona <pausa> Esta luz hermosa colmada de amor, de paz y perdón se devuelve a las plantas de tus pies <pausa> recorriendo cada pierna sanándolas <pausa> sanándolas<pausa> llegando de nuevo al primer chakra sanándolo a través de la luz proveniente de la Madre Tierra,<pausa> volviéndose grande y más hermosa <pausa> Esta luz es enviada en forma de energía a la célula maestra <pausa> llegando hasta el centro de ella <pausa> donde está el núcleo y donde duerme el ADN <pausa> Introduciendo la información de sanación, paz, amor y de perdón que te dio la Madre Tierra <pausa> Esta información es dirigida a todas las células de tu organismo <pausa> Ocurriendo algo maravilloso, el primer chakra está sano y todas las células lo saben...

Desde el primer chakra ya sano <pausa> Te diriges al Segundo chakra de color naranja <pausa> Ubicado en la pelvis <pausa> La energía de luz envuelve este chakra y lo sana colmándolo de seguridad, de amor y paz <pausa> Ahora a medida que envías la información al núcleo de tus células, en esa misma medida se van sanando los órganos que están cerca: (el sistema reproductivo y los riñones)

Esta luz maravillosa cada vez más grande se dirige al tercer chakra color amarillo <pausa> Ubicado en el plexo solar <pausa> Ahora esta luz sanadora envuelve al tercer chakra y lo llena de amor y lo colma de seguridad <pausa> Al fin es libre...

Esta información corre a las células, se introduce al núcleo y sucede lo hermoso, ya todas saben que son libres... ya no hay ataduras... solo hay felicidad y seguridad, amor, paz y perdón <pausa> Todos los órganos que están cerca ya sanaron <pausa> El vaso <pausa> el hígado <pausa> el páncreas <pausa> los intestinos... Ahora la luz es inmensa y se dirige corriendo llena de esperanza al cuarto chakra El Corazón..... Su color Verde esperanza <pausa> allí fluye en ese océano de amor llenando cada espacio vacío de todo lo hermoso <pausa> esa energía corre más rápido y le envía la información a la células <pausa> ahora hay amor, paz y alegría en todas ellas

<pausa> En este momento comienza la fiesta de tus células y se sanan los pulmones <pausa> y te das cuenta que el corazón es el que te da la conexión con todo lo que existe. Desde tu corazón puedes desear todo lo que te pertenece...

Ahora la luz inmensa que viene de tu corazón se dirige al quinto chakra, (la rueda azul) ubicada en tu garganta... El quinto chakra te ayuda a expresar lo que sientes <pausa> Ahí la luz se posa generando unas chispas de alegría <pausa> sanando las glándulas (tiroides) <pausa> colmando de mucho amor y seguridad y enviando esa información a las células.

En este momento comienza la música a emitir su sonido de belleza <pausa> Corriendo a un punto medio entre el sexto chakra que está ubicado en medio de las cejas, su nombre es el tercer ojo.... Su color es índigo.... Desde el corazón <pausa> pasando por el timo <pausa> después por la rueda azul (garganta) <pausa> subiendo por el sexto chakra (el tercer ojo) formando una línea hasta la glándula pineal y subiendo hasta el séptimo chakra sucede algo maravilloso <pausa> Esos seis puntos se conectan formando un enlace y activándose la visión que te da la conexión con eventos que nunca habías podido ver o percibir desde el día que bajaste tu vibración <pausa> desde allí puedes observar tu verdadera realidad…

Sin darte cuenta <pausa> la información está en las células. Comienzas a ver y a sentir la felicidad que está a punto de expandirse por todos tus átomos. Ahora se forma una pirámide de tres puntas: la glándula pineal, el tercer ojo y el séptimo chakra.....

El séptimo chakra está ubicado en la cremallera (el centro de la cabeza) <pausa> Su color violeta hace que sientas tu vibración alta muy alta <pausa> En este momento estás en la gran fiesta donde cada célula sabe y proclama su intención de estar sana y libre.... La gigantesca luz sale del séptimo chakra <pausa> y pasa por el cordón de plata dirigiéndose al octavo <pausa> noveno <pausa> décimo <pausa> onceavo y duodécimo chakra... Ahí estás conectado con todo el universo y el universo percibe también la energía de amor que proviene de la Tierra y de tu corazón <pausa> enviando la luz a todo lo que existe y a su vez todo el universo envía de regreso una energía en forma de luz dorada <pausa> al duodécimo <pausa> onceavo <pausa> décimo <pausa> noveno y cuando termina de pasar por el octavo chakra <pausa> se vuelve inmensa y se introduce en una gigantesca apertura que hay en el centro de tu cabeza <pausa> El séptimo chakra <pausa> Imagina esa luz dorada <pausa> Esa energía purificada <pausa> La energía universal conectándose en cada rincón de tu cuerpo <pausa> Sanándolo <pausa> Sanándolo... Baja al sexto <pausa> quinto <pausa> cuarto <pausa> sanando <pausa> e irradiándola al corazón y desde el corazón enviándola a todos tus seres queridos <pausa> a lo que existe <pausa> a todo el planeta <pausa>

Ahora esta misma luz baja al tercer chakra <pausa> segundo <pausa> primero <pausa> pasa por tus piernas

<pausa> por las plantas de tus pies <pausa> Bajando hacia la Madre Tierra <pausa> Ahora esta energía pasa como raíces a la Tierra <pausa> La irradia de luz dejándola feliz y plena... la Tierra recuerda con tu vibración lo que hiciste para estar en ella. En este momento eres uno con el espíritu <pausa> la Tierra y el universo <pausa> Estás maravillado de tanta felicidad <pausa> Estás sano y lleno de mucho amor...

Siente cómo la energía sube desde la Tierra por las plantas de tus pies <pausa> pasa por tu cuerpo <pausa> y llega al duodécimo chakra <pausa> y baja a la Tierra <pausa> y sube nuevamente....

Esta energía se posa en tu cuerpo <pausa> Siéntela con cada inhalación y exhalación sube y baja <pausa> Es una sensación de felicidad <pausa> Siente un hormigueo que sana cada rincón de tu cuerpo <pausa>

Ahora vas regresando poco a poco <pausa> llegando al aquí y al ahora <pausa> mueve los dedos de tus pies <pausa> los dedos de tus manos <pausa> y cuando logres colocar tu vehículo orgánico ya liviano... abre tus ojos <pausa> y le otorgas una gran sonrisa de agradecimiento a todo lo existe.

Esta luz dorada permanecerá por siempre dentro de ti <pausa> Todas tus células lo saben y proclaman su intención "así es y así será".

Poco a poco cada uno fue abriendo sus ojos y con una gran sonrisa comenzaron a reír de felicidad. Estaban en paz. Aprendieron la primera lección: conocer el poder que hay dentro de ellos y aprender a sanar y a conectarse con todo lo que existe.

Andrea, con un gesto de amor, preguntó:

-¿Cómo se sienten?

Ninguno tuvo fuerzas para poder responder, por lo menos en ese momento... Solo se veía la expresión de plenitud y comunión con todo. Andrea, con su gran sonrisa, hizo un gesto a cada uno de ellos con sus dos manos unidas al frente de su corazón, en un acto de bendición, y les dice: namaste. (El Dios que hay en mí, saluda al Dios que hay en ti).

Después de la discusión que tuvieron Giselle y Julián, a Giselle se le había disparado un dolor de cabeza aterrador. Pensaba que su cabeza iba a estallar en pedacitos. Sin embargo, no quería aplazar la reunión de ese día, ni mucho menos la plática que iba a tener con su gran amigo Frank. En cuanto Andrea comenzó con la meditación guiada, todo ese dolor se esfumó por completo. Estaba tan agradecida por la vida, por estar en este momento en la Tierra, por ser parte de este hermoso despertar, que no había palabras para poder expresarle a Andrea lo bien que se sentía y lo agradecida por haberla guiado a recordar y a sanar cada espacio de su cuerpo.

Todos los integrantes de este grupo tenían como hábito meditar, unos con más experiencia que otros y con mucho más tiempo en el hábito, pero ninguno había podido llegar a sentir su cuerpo de la manera que lo pudieron sentir, guiado por la voz de la hermosa Andrea. Habían leído esa meditación cuando leyeron el libro mágico, pero no sabían si fue la experiencia que tuvo Andrea en su lecho de muerte, la que, por medio de su voz y su certeza, los hizo viajar a otro tiempo, a su verdadera esencia, a su verdadera realidad. Todos coincidían que ese momento había sido mágico y ninguno quería regresar. Pasaron el resto del tiempo callados.

A las nueve de la noche Tanya toma la palabra diciendo:

-Querida Andrea, estoy segura que lo que voy a decir en este momento es colectivo. Esta meditación en particular, hizo que cada uno de nosotros nos conectáramos con cada espacio de nuestro cuerpo, hizo que sintiéramos esa energía que estaba escondida o dormida dentro de nosotros. Hizo que nos conectáramos con nuestra Madre Tierra y con nuestro Padre Universo. Hizo que nos sintiéramos parte de todo lo que existe, de todo lo que hay, de todo lo que es. Hizo que nos sintiéramos uno con todo. Quiero decirte que nos sentimos muy agradecidos por tenerte en nuestro grupo. Agradecidos por habernos guiado de una manera angelical en esta meditación, como también nos ha guiado el escritor incógnito del libro mágico. No hay más nada que decir, sino gracias...

Andrea se pone de pie y les dice a todos:

-Gracias a este libro mágico pude expresar fácilmente cómo había sido mi proceso de sanar. Gracias a ustedes por permitirme expresarlo.

En el poco tiempo que llevaba Francisco en el grupo, sentía que esa mujer que acababa de guiarlo a lo más profundo de su ser, se había adueñado por completo de su corazón. Él sentía que ella era parte de su vida, se sentía uno con ella. Recordó lo que una vez su chamán le dijo: "Todo ser humano tiene su otra parte en algún lado del planeta". A veces contamos con la gracia de encontrarla en esta vida. Ya la encontré, soy un agraciado, se dijo.

Giselle les pidió a todos que fueran a la mesa para que comieran y probaran el riquísimo té a base de limoncillo y menta que había preparado y los riquísimos dulces que había traído Francisco y las otras cosas que había traído el resto del grupo. Todos estaban en paz, tan felices como todas las veces que se habían reunido.

Francisco se acerca a Andrea y le da las gracias con una mirada tierna y una voz muy cálida. Andrea le devuelve las gracias con una sonrisa. Él le pregunta en voz baja:

-¿Me acepta una cena?

Ella no se esperaba esa invitación, pero aceptó de inmediato.

Todos se despiden y solo Rebeca se dirige sola a su casa. El resto se fue acompañado. De camino a la casa iba Rafa y Giselle en una atmósfera de tanta paz y armonía, que ni siquiera el huracán más temible hubiese disuelto esa felicidad que ambos tenían.

Al llegar a la casa, encuentran a Julián en la puerta tratando de abrirla. Rafael lo saluda pidiéndole la bendición. Giselle lo saluda, pero él no le devuelve el saludo. Entran y cada uno hizo algo diferente: Giselle fue a la cocina, Julián fue al baño y Rafael se fue a su cuarto. En cuanto Julián se dio cuenta que su hijo se había quedado dormido, fue hacia donde se encontraba Giselle y con una voz calmada le pidió conversar.

Giselle, que estaba en una paz absoluta, le contestó con la misma calma.

-Sí, muy bien, dime.

-Nuestra relación fue muy hermosa, pero hace algún tiempo ha sido la más terrible. Te propongo, por el bien de este amor y de nuestro hijo, separarnos.

Giselle no esperaba tanta tranquilidad de parte de Julián en decir esa palabra "separación". Por su parte le dijo que estaba de acuerdo. "Es lo mejor", se dijo para sí misma. Por "mutuo acuerdo", en un mes, Julián y Giselle estaban divorciados.

A todos les dolió la partida de Julián, hasta Greta que pasaba horas en la noche parada en la puerta a la espera de su Julián. Al tiempo, en la casa, se respiraba paz y tranquilidad. Ya no existía la atmósfera de angustia y disgusto que no dejaban que tanto Giselle como Rafael siguieran su camino.

La vida de Julián no estaba nada bien, sin embargo, aunque extrañaba a su familia, se sentía tranquilo con sus pensamientos y sus creencias. Se mudó a otro pueblo, iba a su trabajo, se reunía de vez en cuando con algunos amigos que pensaban igual que él, aunque esas reuniones no eran nada parecidas a las que tenía con su ex amigo Paco.

Un día Francisco se apareció en el trabajo de Julián y lo invitó a unas cervezas, Julián accedió. Fueron a un bar cercano al Observatorio. Francisco sospechaba en qué iba a parar esta reunión, pero él prefería de una vez y por todas que su amigo Julián le dijera todo lo que sentía y él a su vez tendría la oportunidad de aclarar muchas cosas. Francisco sentía que esa era su obligación. Si después de ahí Julián no lo quería ver más, eso ya era cosa de él. Pidieron otra ronda, al estar un poquito más desavenidos, Julián le pregunta de una manera sarcástica:

-¿Cómo vas con tu secta?

Frank toma un sorbo de la cerveza y le pregunta sin tomar en cuenta el sarcasmo:

-¿Cómo estás tú?

-Bueno, aparte de estar sin familia, sin mi casa y sin mi perra, todo está bien.

Julián le vuelve a preguntar por la secta.

-Querido Julián, por qué de una vez por todas me dices cuál es tú rabia. Dime, ¿qué te molesta? ¿Te molesta que las personas que tú quieres piensen de manera diferente a ti? ¿Tienes miedo de estar equivocado? ¿Dónde está aquel amigo tan humilde que estudió hace un tiempo conmigo? ¿Dónde fue a parar ese hombre a quien admiraba tanto? ¿Cuándo te volviste tan egoísta?

En eso Julián, explota y le dice:

-¿Qué preguntas tú? Si has sido un loco en tu vida, has hecho lo que te ha dado la gana, has vivido toda tu vida a costa de tus padres, no has podido tener una relación próspera con nadie. Has tenido todo y no has sido feliz ni has hecho feliz a nadie.

Francisco, con una calma indescriptible, le responde:

-¿Por qué te molesta tanto que haya nacido en un ambiente diferente al tuyo? ¿Por qué te molesta tanto que haya vivido mi vida como la viví? ¿Será que muy dentro de ti hubieras querido vivirla igual? No tienes idea de lo que he vivido y he tenido que aprender, pero quiero que sepas que aunque una de las lecciones que recibí fue la partida de mis padres, le doy gracias a Dios. Sí, a Dios, por haber pasado por lo que pasé, ya que eso me hizo crecer. No quise tener una relación con nadie, porque no quería arrastrarla a mi inconsciencia. Sin embargo, tú arrastraste a una mujer y depositaste en ella todas tus frustraciones, haciéndola responsable de toda tu infelicidad y no solo a ella, sino a tu propio hijo.

En ese momento hubo un silencio grandísimo. Julián pide otra ronda de cerveza y se queda pensando. Francisco rompe el silencio.

-Julián, te quiero como un hermano, y por eso me tomé el atrevimiento de venir a buscarte, para hablar sobre tu familia. Te quiero pedir algo desde mi corazón. Piensa, piensa mucho tu decisión. Busca dentro de ti y pregúntate. ¿Qué quiere Julián? Si no sabes la respuesta y cuando piensas en lo que Giselle hace te molesta, entonces no la atormentes, déjala seguir su camino, no interfieras. Todos necesitamos, como tú, como yo, hacer y creer en las cosas que vibren o que nos suenen como verdaderas. Cuando amas a alguien, respetas a ese alguien, te sientes feliz cuando la ves feliz, aunque esa felicidad no tenga nada que ver con lo que te hace feliz a ti. El convivir con alguien no te da derecho a cambiar a ese alguien. Cada quien tiene su propósito de vida y ese está en lo profundo de cada ser. Una relación con respeto es una relación próspera. Creo que en las parejas debe haber un respeto por lo que eres, por lo que haces. Deja que tus seres queridos sonrían, se sientan que están haciendo lo que su corazón les pide. Cuando uno ama de verdad, eso es lo que sucede. Giselle, Rafael y todo nuestro grupo está trabajando desde la bondad y el amor. No es una secta como tú la llamas. Es un grupo que quiere transmitir desde su interior todo lo que ha recordado para ayudar a los demás.

Julián estaba callado, escuchando con mucho respeto todo lo que Francisco decía. Hasta que le pregunta:

-¿Tú tienes una relación así?

-Sí, al fin encontré a la mujer de mi vida.

En eso Julián, pide otra ronda de cerveza y le dice:

-Gracias por decirme todo esto, Paco.

-No puede ser, aun me dices Paco, dime Frank.

-Tú no eres gringo, eres puertorriqueño –le recuerda Julián. Se sonríen.

Francisco nunca le dijo a Giselle del encuentro con Julián. Cada sábado y domingo en la mañana Julián buscaba a su hijo, Rafael, nunca le contaba nada de lo que su madre y él estaban haciendo. Ellos iban a comer y al cine, era todo lo que hacían padre e hijo. Por un tiempo Giselle y Julián no se vieron, hasta que un día Rafael invitó a su papá a subir al apartamento para que viera a Greta. Cuando Greta sintió el olor de su Julián, casi se vuelve loca. Julián la abrazó y Greta lo lamía por toda la cara.

Giselle estaba en su cuarto arreglándose para la reunión de ese domingo, ya eran las tres cuando escucha los ladridos de Greta y decide salir a la sala para ver qué sucedía, encontrándose a Julián en la entrada. Ella le da un beso a su hijo y saluda a Julián con mucho cariño, él le devuelve el saludo de igual manera. Julián estuvo cinco minutos más y se marchó. Al salir de la que en unos pasados meses había sido su hogar, Julián, sintió cómo había desaprovechado la vida. De camino a su carro, meditó en cómo se había sentido al estar por unos minutos en ese lugar donde había crecido su hijo, donde había destruido por su amargura tantos momentos que pudieron haber traído felicidad a la vida de su familia. ¿En qué momento perdí mi camino? –se preguntó.

De camino a su nueva casa, una casa sin color, sin alegría, sintió tantas ganas de devolverse y correr hacia los brazos de la mujer a la que había amado toda su vida, pero pensó en la pregunta que le había hecho Paco: ¿Qué quiere Julián? Tengo que estar seguro de poder aceptar a la mujer que ahora es Giselle. No puedo interferir en sus creencias. Si no tiene la razón, eso lo tiene que descubrir ella, yo no tengo el derecho de involucrarme, ni siquiera en la vida de mi hijo. Total qué es la verdad, la verdad no existe, solo somos polvo en el viento como la canción de Kansas. Tanteó con su mano en busca del CD de Kansas colocándolo en la ranura del aparato de música y busca Dust In The Wing. Al escucharla, queda sumido en la música y en la letra. Un día voy a visitar a Giselle a la librería y escucharé a ese grupo –se dijo. Se quedó pensando y siguió su camino.

Giselle, le dice a su hijo:

-Debo apurarme, ya casi es la hora de la reunión, te espero en la tienda. Has las cosas que tengas que hacer y después te vas con calma.

-Nos vemos mamá.

De camino a la tienda, Giselle hizo una introspección de su vida mirando cómo de una manera rápida, su vida había tomado un giro tan positivo. Aunque el divorcio hubiera sido parte de ese giro y a ella le había dolido, ahora después de haber pasado unos meses pudo darse cuenta que era necesario esa despedida. Al estar fuera de tanta tensión, pudo concentrarse más en su propósito de vida. Cada día se conocía mucho más, conocía su cuerpo, conocía sus pensamientos y sabía cuál era su tarea para crecer cada día más como un ser de luz perfecto.

El proceso de Giselle no fue fácil como creía Julián. Cambiar viejas costumbres no es fácil, pero cuando decides hacerlo y ves los resultados que trae el universo, quieres que todas las personas a quien tú amas conozcan el verdadero vivir. Giselle, aprendió a estar presente, aprendió a amar a todo lo que tiene vida y aprendió a dar gracias a Dios. Su vida cambió completamente. Giselle era una mujer sumamente feliz. Las personas que estaban a su lado lo sentían. Hasta en ese rato de solo cinco minutos, Julián lo pudo sentir. En Giselle no había ego, había humildad. Ella veía con compasión y amor. Aprendió algo muy importante para seguir el camino de depuración: lo que hay fuera de cada uno de los seres humanos es el reflejo de su interior. Cuando ella se detenía a observar cómo los pensamientos revoloteaban dispersos por su mente, inmediatamente los observaba colmándolos de amor. Ese mismo amor era lo que reflejaba Giselle en el exterior. A medida que los observaba y los cambiaba a positivos, la magia ocurría. Comenzó a ver los cambios atrayendo todo lo que ella quería para su vida: salud, felicidad y paz. A medida que se producían cambios favorables en su interior, también se producían en su vida exterior. Realmente era mágico.

Después de la reunión, donde había participado Andrea con la meditación guiada, el grupo no había tocado otro tema más para discutir. Ellos solo querían seguir sintiendo las bendiciones que traía el meditar a través de la voz de Andrea. En la última meditación quedaron de acuerdo en proseguir con los temas del libro y el próximo expositor iba a ser Alberto con el tema de la Moldavita.

11

VIBRACIÓN

El corazón humano es un instrumento de muchas cuerdas; el perfecto conocedor del hombre las hace vibrar todas, como un buen músico.

Charles Dickens

Ya estaban todos los integrantes de ese hermoso grupo preparados para escuchar de la boca del experto la información referente a la hermosa piedra que hizo que el escritor del libro mágico le dedicara muchas páginas, ya que lo ayudó a conectarse mucho más fácil con sus seres de luz. Cada uno de los integrantes estaba muy emocionado con la exposición de ese día. Parado al frente de todos se encontraba Alberto, con unas muestras de la hermosa Moldavita.

Se cuenta, que en la juventud de este nuestro planeta, aproximadamente 15 millones de años, el cielo lloró lágrimas de fuego. Una lluvia de meteoritos golpeó sin clemencia la faz de nuestro mundo. Si bien es cierto que no fue ni iba a ser la única andanada de extraños fragmentos venidos de "afuera", esta tuvo significancia espacial.

Los impactos de metralla de esta lluvia enfriaron y cristalizaron en sus trincheras como preciosas roca de tonalidad de color verde intenso, translúcido en la mayoría de los casos.

Esta lluvia de meteorito, en un principio se pensó que solo había cubierto una pequeña zona de Europa y de allí surgió su nombre.

Este cristal fue bautizado como cristal de Moldavita, o simplemente Moldavita. Así, esta gema tomó el nombre del valle del río Moldavia (Vltalva-Moldau) al norte de Praga (República Checa), donde se obtuvieron las primeras muestras.

El interés se despertó de inmediato y se procedió a su clasificación universal.

Al pasar de los años, se descubrieron nuevos pequeños yacimientos alrededor del globo.

“Como un fenómeno relativamente nuevo para la comunidad científica, esta extraña piedra verde fue mencionada por primera vez en literaturas científicas en 1787 por Josef Mayer de la Universidad Charles en Praga, mientras que el nombre alemán Moldavit fue usado por primera vez por el Dr. Franz Xaver Maximilian Lippe en 1836.

Existen dos teorías para su origen, una que proviene del espacio exterior y otra que proviene de las explosiones volcánicas de la luna. De cualquier forma, la Moldavita, al provenir de un meteorito, hace posible que usted esté en contacto con el universo y se conecte con el pasado en forma inmediata. La Moldavita es quizás la gema más escasa en la Tierra. Hay pocos lugares de donde se la puede extraer. De la Moldavita que se extrae, solo una pequeña parte de ella es de una calidad lo suficientemente buena para ser vendida en bruto. Se calcula que la cantidad máxima de Moldavita de calidad para joyería es de aproximadamente 1000 kilogramos, y que los yacimientos existentes a nivel mundial agotaron su existencia antes del año 2012.

Del mismo modo que sucede con la historia de otras piedras, su significado espiritual está también velado por el misterio. Muchos historiadores han dejado registros de que en numerosas civilizaciones antiguas, los meteoritos fueron considerados como sagrados y se sostenía que tenían poderes misteriosos e increíbles. La Moldavita se conoce desde tiempos muy antiguos. Podemos encontrar su nombre en sánscrito: "Agni mani" que significa "perla de fuego". Su uso en Europa data desde la prehistoria, Periodo Paleolítico Superior (Hombre del Cromañón), ya que se han encontrado algunas de estas piedras en la estatua de Venus de Willendorf (Austria), creada hace 29,000 años. La Moldavita ha sido utilizada en joyas y coronas de distintos países europeos. Los tibetanos veneraban esta piedra colocándola sobre sus cabezas. Atribuían a la Moldavita un origen celestial, creyendo que procedía de la constelación de Orión.

Uno de los ejemplos más interesantes es Egipto, en donde la Moldavita ha sido encontrada en las Grandes Pirámides y en las tumbas. Las conexiones entre los egipcios y las constelaciones de Orión y Sirio son muy conocidas. No es coincidencia que la Moldavita sea de Orión. Esta piedra está relacionada con la energía del fuego y también fue conocida como la Piedra de Ra.

Las leyendas dicen que el Cáliz Sagrado o Santo Grial fue formado de una gema verde que cayó de la corona de Lucifer cuando descendió del cielo al infierno, impulsada por la fuerza de un soplo de la espada del Arcángel Miguel. La metafísica le asigna propiedades de comunicación y estímulo para la cooperación y transferencia de energía con los seres extra-terrestres, guías espirituales, Ángeles, y Arcángeles. La Moldavita ópera muy bien sobre el chakra entrecejo, chakra laríngeo y los chakras del corazón y coronario. La astrología le asigna a la Moldavita el signo Géminis.

La Moldavita se emplea para facilitar la comunicación inter dimensional, te conecta con la fuente divina y la esencia del Ser. A nivel de sanación, la Moldavita está siendo utilizada por: Miguel Ruiz de Los Cuatro Acuerdos, en terapias de Reconexión del Dr. Eric Pearl, y en la terapia Homa, en conjunto con el Agnihotra.

A continuación quisiera darles a conocer una información que pude obtener en internet sobre los poderes de la Moldavita con otras piedras. El site.www. oriontransmission.com, La transmisión de Orión.

Bien, bien. La combinación de la Moldavita, particularmente en su forma natural áspera, con el diamante Herkimer, es eléctrica. Esta combinación establece armonía en la energía eléctrica. Una vez usada, se aclara. La combinación de estas dos piedras contribuiría a obtener una pieza poderosa que debe ser usada cuando estén realizándose sanaciones vía nuestro vehículo. Es una pieza poderosa que equilibra y al mismo tiempo sintoniza con energías más elevadas, y elimina el desecho causado por el desequilibrio emocional del que todos los humanos sufren a cierto nivel. La Moldavita en combinación con Herkimer es brillante, en cuanto a tomar la energía purificadora del diamante de Herkimer y unirla con la poderosa fuerza catalítica de la Moldavita. Esta pieza ciertamente sería excelente para la manifestación.

Refiriéndome a las combinaciones de piedras con Moldavita, el catalizador final, una mezcla positiva, sería el enlace amoroso con la turmalina rosada o la turmalina frambuesa. Esta producirá una energía más suave, más genuinamente dulce, suavizando la intensa Moldavita, pero conduciéndola a alturas de amor más elevado. Especialmente energético para el perdón, la combinación de turmalina rosada o turmalina arco iris con Moldavita; mejorará y estimulará el chakra del corazón.

La Moldavita ayuda en la manifestación de aquello con lo cual se la combine, siempre que sea de naturaleza positiva. La Moldavita no puede ser usada para la energía oscura, negativa. Si surgiera alguna negatividad, es muy probable que la Moldavita simplemente desapareciera. Otras piedras de tal vez menor intensidad verán su poder debilitado. Sin embargo, la Moldavita simplemente ¡no podrá encontrarse! Pudiera reaparecer más adelante o pudiera ser encontrada por otro ser más preparado para su energía. Las propiedades de la Moldavita no son como las de ninguna otra piedra, puesto que no es de este planeta. Verdaderamente es la piedra del Fuego. Definitivamente su origen es de Orión.

En la presencia del alquímico Fuego de Agnihotra, esta piedra en realidad cobra vida y poder. Ésta solamente puede usarse, así como con el Agnihotra, para el bien de todos. Nunca puede ser mal usada, tampoco puede permanecer en manos de una persona negativa. Ella desaparecerá. Ahora bien, una cosa que es esencial saber -en este momento- es que esta piedra tiene el poder de proteger a las personas de energías negativas que están siendo impuestas en la Tierra. Es una piedra esencial para el camino de Luz, razón por la cual está llegando a tu consciencia en este momento. En la fortalecida atmósfera, en Bhrugu Aranya, esta piedra se infunde con energía eléctrica, transformándola en una verdadera herramienta de sanación para este tiempo." [1]

Esta información en conjunto con la de nuestro libro mágico, donde el escritor nos enseña su experiencia utilizando este hermoso cristal, más mi experiencia, han hecho que esté seguro que debemos integrarla a nuestro trabajo.

“Desde un punto de vista energético, la Moldavita es increíblemente poderosa. Es un catalizador que acelera los procesos con conexión y reconexión, eleva los niveles de conciencia y sus efectos en la vida de cada uno de nosotros no deben ser subestimados.

¿Moldavita en Venezuela?

Un pequeño yacimiento de Moldavita fue encontrado accidentalmente hace pocos años en Venezuela, a unos 100 kilómetros al norte del Escudo Guayanés, el cual está formado por rocas Pre-Cámbricas (más de 500 millones de años) y donde nunca ha habido actividad volcánica. Esto confirma el origen meteorítico de estas gemas y reafirma la teoría que proviene del espacio exterior. Quizás es por esto que muchos visitantes de la región de la gran sabana venezolana comentan sobre la energía especial experimentada en esa zona.”[2]

Mi familia y yo somos testigo de la energía que se siente en ese lugar. Como todos saben, mi amada esposa nació en ese hermoso país. Desde niña en compañía de sus padres, la gran sabana, ha sido el lugar preferido de sus vacaciones. Todos voltearon a mirar a Tanya, quien asintió con la cabeza.

Prosiguió Alberto.

“Entre los comerciantes de minerales existe mucha controversia respecto a la Moldavita encontrada fuera de la región checa y en realidad ya existen muchas falsificaciones en el mercado hechas de vidrio u otros minerales parecidos a la Moldavita. Esto se puede detectar con facilidad, ya que la Moldavita, por ser formada a altísimas temperaturas, contiene de 10 a 100 veces menos agua que el vidrio común. Burbujas contenidas en la Moldavita muestran una presión atmosférica similar a la encontrada a 20-25 kilómetros sobre la superficie de la Tierra.

La composición física y química de la Moldavita venezolana ha sido estudiada científicamente, y certificada por laboratorios y joyeros de gran prestigio. Quizás el mejor testimonio es de los que han estado en contacto con ella; la energía transformadora de la Moldavita venezolana ya ha sido comprobada por participantes de talleres de Huellas.com a través de distintas manifestaciones.

Ahora les hablare de la Moldavita y su conexión multidimensional.

Los siguientes párrafos son una reproducción de transmisiones de Orión, recibidas por Parvati, una encantadora mujer que reside en Bhrugu Aranja. La información que se ha incluido a continuación, son aspectos específicos que se mencionaron acerca de la Moldavita y que son de un profundo interés.

Pavarati, transmite:

Sí. Sí. Sin duda, la sustancia celestial Moldavita, como tú la llamas, es de origen desconocido. Los mitos consideran que viene de la constelación de Orión, como se te ha dicho.

Sí. Sí. Esta es una confirmación de la transmisión que recibiste con anterioridad. Sí, confirmamos que es correcto lo referente a su origen.

Moldavita es una herramienta de sanación poderosa. Sin embargo, para utilizar sus energías, UNO DEBE VIBRAR EN LA MISMA FRECUENCIA ELEVADA ...será una sustancia de gran poder y con grandes propiedades curativas. NO se puede hacer mal uso de ella.

Si cayera en manos de alguien que pudiera intentar usarla para fines equivocados, la sustancia no responderá y pronto desaparecerá del alcance de un ser de esa naturaleza. Sin embargo, tiene propiedades de transformación y puede ser usada para elevar la vibración del individuo, incluso sin el conocimiento de esa persona.

La conexión entre esta sustancia que tú llamas Moldavita y el fuego ancestral que practicas en la actualidad es una conexión muy poderosa; como la de un rayo de luz y la luz. Radiante, transparente, y fuerte como el acero. De hecho, usar esta herramienta en la presencia del

Agnihotra, potencia sus efectos. La sustancia Moldavita absorbe las energías de las Fuentes Superiores. Resuena con estas Fuentes. En realidad, es una con el fuego.

La Moldavita activada es milagrosa. Para utilizarla a su máxima intensidad, uno debe vibrar a la mayor frecuencia. En transmisiones previas nosotros advertimos que, a menos que uno esté armonizado a ella, se mantendrá durmiente. Aquellos que están destinados a trabajar con su energía, no tendrán problemas en obtenerla. De hecho, vendrá hasta ellos, tal como vino a ti. Moldavita no es su nombre original.

Entonces, lo que envíes al exterior será sanador y tendrá la activación y las bendiciones requeridas. Somos seres de Luz profundamente jubilosos y honramos sus esfuerzos para llevar nuestro mineral a la gente del planeta Tierra. Saludos a todos quienes las reciben.

Sí. Sí. Moldavita no es el nombre de esta preciosa pieza, una gema muy poderosa. Sin duda, se le ha conocido con muchos otros nombres, ninguno de los cuales son conocidos para nosotros... es decir, ello no es necesario. Los nombres solo son dados por los seres humanos. Nosotros no requerimos de nombres. Pedimos al vehículo que se refiera a la Moldavita con ese nombre, para el uso público. También se le ha conocido como la piedra de Ra. Sin embargo, ese no es un nombre conocido. Tú puedes llamarla como te parezca, pero trátenla con respeto. Es energía, la energía del fuego."[3]

Alberto queda unos minutos en silencio y prosigue. En mi caso, como les había contado antes, este cristal llegó a mí por medio de un regalo de unos seres fantásticos. Al principio, no podía pasar más de cinco minutos con ella alrededor de mi cuello. Tenía que quitármela e introducirla en la Tierra por un periodo de doce horas, hasta que la sacaba, la limpiaba y la volvía a colocar en mi cuello. Así pasé varias semanas, hasta que el cristal y yo pudimos vibrar en la misma frecuencia. Desde ese momento medito mucho mejor, me siento conectado a la Tierra, al universo, a Dios... Es una sensación indescriptible tenerla conmigo. Su existencia está disminuyendo considerablemente, por eso le traje un obsequio a cada una de las personas que aun no la tienen en nuestro grupo. Rebeca, Andrea, Rafael y Giselle, ah y una también para Ana... Entonces ahora podemos decir que a cada una de las personas que estamos aquí, la Moldavita llegó a ellos.

Alberto comenzó a llamar a cada uno y le fue entregando su pendiente de plata con el símbolo y la Moldavita en el medio... Les explicó que el cristal no se podía lavar con sal o limpiar como se limpian la mayoría de los cuarzos. Cuando la Moldavita esté donde deba estar, comenzará a vibrar en la misma frecuencia de donde deba estar – les dijo. Si les ocurre lo mismo que a mí, introdúzcanla debajo de la Tierra por unas horas y eso bastará.

Todos estaban agradecidos con Alberto por su hermoso obsequio. El conector con el universo...

Ya todos conocían la forma de sanarse a través de la meditación y ahora tenían en sus manos el cristal que los comunicaría más fácil con Dios y todo lo que lo compone.

En la próxima reunión se hablará sobre unos temas muy importantes para entender un poco más sobre cómo debemos recordar nuestra conexión con nuestra verdad, con nuestro Ser. Estar en armonía con nuestro Ser es un paso primordial para llegar a la verdadera iluminación. Esta reunión va a estar a cargo de nuestra queridísima Tanya. Transmitió Alberto.

Cada uno de los integrantes del grupo se abrazó y en un acto de amor y agradecimiento a Alberto y al universo hicieron una meditación corta. Al culminar la reunión y como de costumbre, cada quien se dirigió a sus casas con mucha paz y mucho amor en sus corazones.

Hubo momentos en que a Giselle le ocurrían cosas que no sabía manejar, como el hecho de encontrar en su camino personas que sentía no estaban en su misma frecuencia, personas prepotentes que la sacaban de sus casillas. En una de sus meditaciones comprendió algo realmente increíble... Ella cuenta que antes de comenzar su meditación, pidió a su Ser superior que la ayudara a entender ese sentimiento, la cual la hacía sentir retroceder en su camino. Estando en su lugar preferido, con ropa cómoda, comenzó a inhalar y exhalar lento y profundo, después de unos minutos comenzó a sentir el latido de su corazón y ese mismo latido la hizo llegar a una calma indescriptible. Fue tanto así que se vio en una escena cinematográfica.

En esa escena vio reflejado algo súper interesante: pudo ver y sentir lo que ocurría dentro de ella cuando las personas que no eran de su agrado se aparecían y permanecían cerca sin quererse ir. Comprendió que su interior era un reflejo de su exterior. Se dio cuenta cómo en su interior había sentimiento de desagrado y lo reflejaba en esas personas o en las circunstancias que estaban en su entorno. El cuerpo es tan perfecto que sin tú saberlo está proyectando fuera de ti el desagrado que tienes dentro de ti y también el amor que está dentro. El cuerpo es tan sabio que desea que limpies esa sensación de desagrado y por eso reflejas en una persona o en alguna circunstancia que no es de tu agrado. Eso quiere decir que todo lo que sucede en tu entorno es reflejado por ti misma. Ya que todo lo que ocurre fuera de ti es una proyección de algo que está dentro de ti, una situación que no está resuelta dentro de ti. La voz que era su misma voz pero desde su conciencia repetía lo mismo de manera que le quedara entendido tan hermosa lección.

Estando en la escena comprendió que cuando resuelves en tu interior las cosas que no son de tu agrado, en tu exterior sucede la magia, el milagro, las circunstancias desagradables desaparecen y comprendes que has estado luchando toda tu vida tratando de arreglar esa situación fuera de ti, sin tener ningún resultado. Cuando ves algo que no te gusta fuera de ti y comienza a buscar dentro, te darás cuenta que hay una señal dentro de tu cuerpo que está reclamando a gritos por tu atención. Cuando envías amor a ese sitio específico de tu cuerpo y estás presente, esa intención bastará para sanar cualquier desavenencia. Cuando sanas ya no hay barreras entre tú y la vida que es una misma cosa. Si desde pequeños nos enseñaran a meditar y estar en silencio, podríamos detectar cualquier desamor y lo podríamos sanar desde la raíz y de esa forma todo lo que reflejáramos en nuestro exterior sería mágico.

Giselle se vio como un todo y entendió que nunca más debía juzgar a nadie. El trabajar dentro de ella con las cosas que no le agradaban y sanarlas, hizo que en cuestión de segundos percibiera el cambio que reflejaba en su exterior. Fue tanto así que al poco tiempo la relación de ella y Julián comenzó a mejorar. Cuando ella aprendió a sanar dentro de ella lo que le molestaba de él, él se mostraba todo amor, apareció la magia, desapareció el ego y el amor verdadero floreció.

La semana pasó muy rápido. Ya era viernes. Era el día de la participación de Tanya con el tema de la actitud. A las seis de la tarde comenzaron a llegar todos los integrantes y como de costumbre cada quien llevaba algo para compartir. Alberto estaba maravillado al mirar en el cuello de cada uno de sus amigos la poderosa y hermosa Moldavita con el símbolo del infinito. Para Alberto era muy importante que cada uno llevara en su corazón la misma vibración.

Antes de comenzar la presentación de Tanya, Alberto preguntó sobre lo que sintió cada uno al llevar colgada en el cuello la Moldavita. La mayoría tuvo la misma sensación que Alberto había descrito en su presentación y lo solventaron inmediatamente con las especificaciones que él les había dado. A la única que le costó un poco más tenerla en el cuello fue a la pequeña Ana. Ella sintió como si su corazón se fuera a salir de su pecho y le produjo muchas ganas de llorar. Tuvo que dejarla un poco más de tiempo en la Tierra y al colocarla en su cuello, la Moldavita vibró con ella fácilmente. Cuando la Moldavita se ajustó a cada uno de ellos, la experiencia en la meditación fue mucho más poderosa.

Tanya comenzó su presentación.

Estar en sintonía con tu Ser. Estar feliz contigo mismo.

Para poder estar en sintonía con tu Ser, es indispensable que cada acción, cada pensamiento estén libres de miedos. Debes encontrar la armonía, felicidad y la paz descubriendo qué te hace feliz. Cuando no sabes a ciencia cierta quién eres, generalmente buscas la felicidad en el sitio equivocado. Crees que puedes ser feliz comprando objetos materiales que puedes disfrutar en un momento determinado, pero en cuanto pasa un tiempito vuelves a sentir el mismo vacío de siempre. Compras, compras, compras y al tiempito sigues igual: vacío.

Cuando sientes tristeza, te dices: claro, si mi pareja no me hace feliz o mi hijo me trae problemas, o mis padres, o mis amigos; dándole la responsabilidad a las personas que se encuentren en tu camino. Cuando sientes frustración y te deprimes, vas en busca del especialista para que te suministre algún medicamento que pueda diluir ese dolor. Algún medicamento que esté de moda. Medicamento que la noche anterior escuchaste en una propaganda de televisión. ¿Qué es la felicidad? Es un conjunto de situaciones que nos ocurren cada vez que realizamos algo que está en armonía con nuestro Ser. Esa es la verdadera felicidad. La felicidad que no se hace espuma y queda por siempre impregnada en nuestras vidas.

Generalmente cuando decides estudiar para obtener una profesión, casi siempre tu decisión está basada en la demanda, sugerencias de los padres o de amigos. Casi nunca la decisión es basada por tu deseo. Ocurre que a veces no sabes qué te gusta o qué te apasiona. Por eso, si la decisión procede de tu interior, vas a tener un porcentaje alto de tu felicidad garantizada. Si decides bien, vas a ser exitoso y si realizas un trabajo con pasión, tu creatividad y tu entusiasmo van a hacer que entregues lo mejor de ti sin esfuerzos.

Por naturaleza todo ser humano nace con habilidades específicas. Cuando una persona pone en práctica dicha habilidad, siente entusiasmo y pasión. Encontrar lo que te gusta hacer, lo que es innato en ti, es la clave para sentirte pleno y feliz. Básicamente sentirte en armonía, consiste en hacer lo que te gusta. Estudiar, trabajar, compartir, disfrutar. Todo esto basado en lo que sientes.

Cuando decidas tomar una decisión importante, ve a un lugar tranquilo y pregúntate muy dentro de ti, si esa decisión es la correcta. Solo tu interior te va a dar la mejor respuesta. Cuando mueres lo único que llevas contigo son las vivencias de esta vida. Por eso es importante que busques la felicidad dentro de ti, ella te llevará a encontrarla afuera también.

Todas las personas que se sienten felices transmiten armonía, tranquilidad y amor. Ellas se sienten en armonía con su Ser. Desearía que todos los seres humanos pudieran encontrar en este momento la respuesta a la siguiente pregunta: ¿Que los hace feliz?

Si comenzamos a poner en práctica los capítulos anteriores y éste en especial, tendrías el camino recorrido para que Dios y el universo conspiren, para que no tengamos que sufrir más. Tu cambio de actitud positivo ante la vida, más tus decisiones basadas en respuestas que encuentras en tu interior serían la clave para encontrar el paraíso perdido.

Quisiera también exponerles un poco sobre lo que significa la ira en nuestras vidas. Cuando andas por la vida con ira y rabia todas las cosas que quieres se obstaculizan. Destruyes tu salud, tus anhelos y tu felicidad. Cuando comienzas a sentir esa sensación de ira y rabia obstruyes los canales energéticos de tu cuerpo y cuando eso sucede tu cuerpo enferma. El sentimiento de ira y rabia son producidos por el señor miedo. El miedo aparece cuando sientes que las cosas que ocurren en tu exterior no son las que tú esperabas. Te enfrentas al mundo exterior culpando a todos por tu odio. Culpas a tus padres, a tus amigos y a todos. Cuando tienes carro, culpas al hombre aquel que chocó tu carro. Cuando tienes pareja, culpas: al novio(a), al esposo(a) porque no me respeta, es abusivo. Cuando trabajas, mi jefe es el peor. Así vas por la vida, molesto y culpando a todos.

Todos los seres humanos diseñan su vida. Diseñan el tipo de película que quieren vivir. Son el protagonista de esa película. Cada día escriben un capítulo de ella. Tienes el control de decidir qué tipo de libreto vas a escribir: Terror, suspenso, drama o una basada en la felicidad y el amor. Es tu decisión.

Si decides escribir una película de terror, vas a ser guiado por el miedo que es la materia prima de ese terror. Cada día que despiertas comienzas a crear odio e ira hacia todo lo que te rodea. Esto hace que te perjudiques a ti mismo. ¿Por qué? Eres energía. Si tu actitud es basada en odio y el odio es una energía negativa: ¿Qué crees que te puede pasar? Tu cuerpo se obstruye, no permitiendo que la energía positiva, que es la encargada de sanar, pueda circular libremente por tu cuerpo. Todos los problemas que ves en tu exterior son el reflejo de los problemas que tienes en tu interior.

Giselle recordaba que el día anterior, esa escena le fue mostrada en su meditación. Tanya cierra el libro y queda en silencio por unos segundos, mira a su público y dice:

-Cuando tuve el privilegio de leer este libro mágico, sentí como si mis manos lo hubiesen escrito. Cada concepto que en él se encuentra son los mismos conceptos que por mucho tiempo han recorrido mi pensamiento.

Prosigue con su presentación.

¿Cómo puedes sacar de tus pensamientos estos conceptos errados?

El primer pasó sería el que estás utilizando ahora, leyendo este libro mágico. Esto prueba que estás abierto para comenzar a cambiar todo ese miedo que no permite que haya paz y amor dentro de ti.

Segundo paso: siéntete y descubre ese poder que está dentro de ti. Medita diariamente por lo menos unos 15 minutos, después cámbialo a 30 minutos. El acto de meditar, de estar en silencio con uno mismo, hace que conozcamos realmente quienes somos: un espíritu en un cuerpo físico y no lo contrarío. Al estar en silencio, la conciencia se expande y nos muestra la única verdad que hay dentro de nosotros: "el amor". Esta recomendación es también para los productores que decidieron elaborar un guión basado en drama o en suspenso.

Si decides escribir sobre el amor y la felicidad, felicito al productor, ya que su libreto estará repleto de circunstancias basadas en la verdad. Los seres humanos son seres perfectos y son capaces de crear el mejor de los mundos cuando tienen de su lado el amor. En cuanto te amas a ti mismo, ese amor se refleja hacia lo demás, recuerda que somos uno.

Cada quien está en un proceso de recordar. Recordar tu verdadera esencia, recordar que estando en el presente es la única manera de saber que no existe tal ilusión de dualidad. Si tienes la oportunidad de recordar que el ahora es lo que existe y no el pasado y no el futuro, tendrás la oportunidad de vivir como debería ser: sin temor, con fe, sin odios, con amor, sin angustias, con paz, sin tristezas, con felicidad.

Tienes el poder de cambiar. Es tu opción. Aprovéchala. Date la oportunidad de vivir en el cielo aquí en la Tierra. Si deseas no seguir esta información, también está bien. Sigues siendo un ser perfecto. Toda esta información que expongo en este libro es la información que encontré cuando un día decidí buscar qué había en mi interior. Cuando encontré la respuesta a mis preguntas, decidí ponerlas en práctica cada día de mi vida. Los resultados han sido mágicos, por eso, por este medio escrito, deseé llevar esta información a todos los que se toparan con él. Para que fuese más fácil para ustedes recordar.

También desearía compartir una información sobre Gandhi, dijo Tanya.

Cuando Gandhi logró que la India fuese libre del mandato de los británicos y se encontró después con la guerra entre los musulmanes y los hindúes, hizo una huelga de hambre, para que los pueblos cesaran la rabia y la ira que fue desatada por el poder. En su agonía, un hindú, aparece frente a él tirándole un pedazo de pan y le dice: "come, come, no quiero tener otro peso en mi conciencia por tu muerte, aunque sé que voy al infierno de igual forma". Gandhi le pregunta: ¿Por qué vas a ir a ese sitio? El hindú le responde: "porque maté a un niño pequeño musulmán". Entonces Gandhi le pregunta: ¿Por qué lo hiciste? El hindú le responde: "porque un musulmán mató a mi hijo y me dolió tanto que tomé venganza". Gandhi le dice: "entonces ve y busca un niño pequeño y críalo como si fuese tu propio hijo; eso sí, ese niño tiene que ser un niño musulmán, después de eso vas a ir al cielo".3

Recuerda que viniste a este mundo a ser feliz y cuando actúas con rencor causado por el miedo, ese sentimiento hace que veas la vida a oscuras, pero siempre habrá el momento de enmendar y eso lo haces con solo cambiar a tu verdadera realidad: "el amor".

12

EL CAMBIO

Si quieres cambiar al mundo, cámbiate a ti mismo.
Mahatma Gandhi

Un día Julián decidió ir a visitar a Giselle a la librería y sin avisar, encontrándola repleta de personas extrañas para él. Solo habían tres personas conocidas: su hijo, su Giselle y su mejor amigo. Al entrar, se detuvo y decidió observar sin censurar. Buscó con la mirada a Giselle y encontró a la mujer con quien había compartido su vida, tan diferente, tan segura de ella misma. Se cuestionó tanto. Giselle no se había percatado de su presencia. Julián observó y escuchó cada conversación, quedando impresionado al sentir tanta bondad, compasión y amor que la gente expresaba, e incluso cuando escuchó a su hijo desenvolverse con tanta seguridad, se sintió tan orgulloso de él. Todas las personas que estaban allí hablaban el mismo idioma. En ese sitio, había respeto por el otro. No había ego, existía solo el amor.

Ese sábado, los integrantes del grupo decidieron no abarcar el siguiente tema que era sobre la frecuencias, ya que les faltaba una información que aun no estaba clara, por eso, ese día, decidieron conversar las vivencias de cada quien y descansar un poco de las presentaciones. Julián estaba maravillado al sentir tanta paz en el ambiente, esa misma paz le produjo muchas ganas de llorar. Al sentir correr las lágrimas sin freno por sus acaloradas mejillas, decidió salir del lugar rápidamente. Giselle, al darse cuenta de su presencia, salió detrás de él. Al alcanzarlo, lo toma de las manos y con su dulce voz le pregunta:

-¿Qué haces aquí? ¿Qué te sucedió?

-Querida, no puedo responder a esas preguntas en este instante. Te prometo que después te las responderé, por el momento déjame ir –contesta Julián con la voz cortada.

-¿Te sientes bien? –insistió Giselle.

-Como nunca en mi vida –respondió Julián con un gesto de amor.

El domingo fue un día muy tranquilo. Se reunieron a las cuatro de la tarde como siempre. Ese día tampoco abarcaron el tema de la frecuencia y de la vibración. Al terminar su jornada, Giselle y su hijo tomados de las manos se fueron a su casa en silencio. Al llegar se encuentran a Greta como de costumbre moviendo la cola en señal de felicidad y con ganas urgentes a su salida nocturna.

-Mamá no tengo hambre, así que no te preocupes en preparar cena para mí. Voy a llevar a caminar a Greta y después me voy a acostar, hoy me siento cansado.

-Gracias hijo, también estoy igual que tú, deseo descansar. Lo tomó en sus brazos, lo besó y le dio la bendición. Adiós mamá, te amo –gritó Rafa.

Al entrar a su cuarto, Giselle buscó el aceite esencial de romero, se dirigió a su salón de baño, llenó su bañera y se introdujo dentro de ella quedando sumergida por completo. Solo quedaron expuestos al aire su nariz y sus ojos. Disfrutó tanto del silencio que se siente cuando introduces los oídos dentro del agua. Estuvo allí por veinte minutos. Al salir de su baño, se dirigió directo a su cama quedando en un estado de relajación total. Fue tanto así que se dirigió a un sitio que nunca había ido. Era un sitio hermoso lleno de seres diferentes que se mantenían sin tocar el piso. Eran muy extraños. Su cuerpo estaba cubierto de una luz hermosa. Los colores de esas luces no eran conocidos en la Tierra. Ella nunca había visto semejantes colores, eran hermosos, indescriptibles. Giselle se identifica con uno de los seres y se sintió atraída por él. Ella no entendía el por qué de su felicidad. Ese Ser era como un imán. No pudo identificar si era hombre o mujer, no había diferencia. Había unos que irradiaban más luz que otros. El ser que la atraía, era hermoso y tenía una luz de color blanco azulado. Fue caminando hacia él y entró en su cuerpo, como un anclaje. Cuando entró completamente sintió mucha paz y pudo ver a través de él. Miró hacia la Tierra y los seres humanos se veían muy cerca y pudo comprobar que su vista era diferente, veía tan claro. Pudo entender lo equivocados que estaban lo seres humanos sobre su existencia. Los seres maravillosos eran los avatares de los humanos. Cada uno de los humanos se anclaba a ellos cuando el cuerpo estaba en descanso total, cuando entraban a un sueño profundo, meditaban o estaban en el presente libres del pasado y del futuro.

Entendió el proceso del sueño. Cuando se duerme se realiza un viaje a otra dimensión. En el camino hay personas que llegan más rápido que otras a su anclaje. Hay otras que se les hace más difícil llegar allí y hay otros que con solo poner la cabeza en la almohada, entraban en un estado de relajación absoluta logrando esa conexión inmediata. Generalmente, casi nadie puede recordar esa experiencia. En su caso, no sabía si ella lo iba a recordar, pero eso no le preocupó. Estando en su anclaje, pudo vivir y sentir lo maravilloso que se sentía estar en otra dimensión. A través del Ser, pudo sentirse parte de todo: de las estrellas, del sol, de la luna, de los planetas, del aire y de todo lo que tiene vida. Sintió estar en muchas dimensiones a la vez. Se sintió parte de esos seres extraordinarios. Seres de otra dimensión. Seres evolucionados. Había mucha dicha en su corazón.

Estando anclada pudo recordar la misión del ser humano en la Tierra. Se dio cuenta que en la Tierra había mucho dolor y ese dolor lo alimentaba el miedo. Comprendió que cada ser humano fue creado a la imagen y semejanza del creador y por eso era un ser perfecto. Los seres humanos eran arquitectos y diseñadores del amor cuando estaban en unidad y no en dualidad. Al estar presente se estaba en libertad. Al recordar que eran espíritu en un cuerpo físico y no lo contrario, el amor florecía en su interior y ese amor se reflejaba al exterior trayendo el cielo a la Tierra.

Anclada pudo observar el comportamiento de los seres humanos, que como ella, una vez estaban tan temerosos. Vio cómo sus mentes diseñaban la tristeza, el miedo y más tarde el odio. Se asombró al ver a unos que vivían con muchas privaciones, se sentía mucho miedo en ellos. Cuando volteó para ver el avatar de ese humano, pudo verificar toda la luz que estaba desperdiciando ese ser humano. El avatar enviaba señales que el humano no podía descifrar a causa del miedo. El avatar lleno de amor esperaba que el humano descubriera dentro de sí mismo su verdadera esencia, su verdadero poder. Observó a otros con pensamientos de unidad, estos seres humanos habían descifrado la señal y conocieron su poder. Cuando volteó a ver a los avatares de esos seres humanos, vio cómo la luz de ambos coincidía e irradiaban amor puro.

Su avatar la hizo ver y sentir el vivir de los humanos. Giselle lloró tanto al ver lo que estaba pasando en el corazón de muchos seres humanos a causa del miedo, el cual los dejaba ciegos al no poder percibir su verdadera esencia. Esa situación estaba retardando la ascensión de todo incluyendo la Tierra. Los seres humanos estaban destruyendo el planeta, el aire, los animales y destruyéndose a ellos mismos, todo a causa del miedo.

Entendió que debía hacer algo al respecto. A través de su avatar pudo saber que era el momento de despertar. Su avatar le trasmitió, que cuando se despertara iba a recordarlo todo lo vivido y debía transmitirlo al mundo entero. Su avatar le dio la oportunidad de ver al grupo de la librería y le dijo que ella debía contarles su experiencia y que ellos a su vez iban a recordar cada palabra que les decía. El avatar la hizo voltear a ver los Seres de luz de cada uno de ellos, logrando identificarlos a todos. Eran hermosos, llenos de luz y le sonrieron. Cuando identificó al avatar de su hijo Rafael, quedó abismada al ver cuanta luz irradiaban. Era una luz preciosa, una luz perfecta. Pudo entender el poder que tenía Rafael.

Cuando despertó, recordó todo lo que había vivido. Buscó lápiz y papel y escribió toda su experiencia. Lloró de emoción y dio las gracias por esa oportunidad de haber conocido a su avatar. No me voy a separar nunca más de mi Verdad –se dijo. Comenzó a dar las gracias por haber podido vivir esa experiencia quedándose un rato más en la cama llena de una inmensa dicha y paz.

13

DE ORUGA A MARIPOSA

Al pasar tiempo en silencio, nuestra información genética cambia al sentirse en una ambiente libre de miedos. Cuando esto sucede, nos transformamos como hace una oruga en su crisálida, convirtiéndose en mariposa.

Rocío García

Ya eran las 7:30 de la mañana del lunes, cuando Giselle decide salir de su cama colmada de amor y con el privilegio de haber visto de cerca la realidad de la vida. Esta vez, disfrutó su baño y estuvo presente en cada momento cuando caía cada gota de agua en su cuerpo, el sonido de las gotas cuando chocaban con su cuerpo. La sensación que experimentaba cuando el jabón rozaba su cuerpo y el aroma a rosas que emanaba por doquier. Ahora Giselle había aprendido a sentirse, a estar presente. Salió de la ducha, se vistió y recordó a Julián. ¿Qué le habrá pasado a Julián ayer? –se preguntó.

Tomó el teléfono y lo llamó. Él contestó de inmediato. Se saludaron y Giselle le preguntó:

-¿Nos podemos ver al salir de la librería esta noche?

-Por supuesto que sí –respondió Julián con entusiasmo.

Giselle se dirigió a la cocina encontrándose con Greta y Rafa. Ya Rafa había hecho café y estaba sentado en la mesa de la cocina con una tasa para ella y otra para él. Giselle lo abraza, lo besa y le dice:

-Quiero que asistas a la librería esta tarde, tengo algo que contar.

-Por supuesto mamá, desde hace un tiempo no me pierdo una tarde en la librería, pero dime, ¿qué vas a contar?

-Esta tarde te vas a enterar, mi amor, pero ahora no puedo. Voy tarde.

Tomó el café, se despidió saliendo con su bolso y su celular en mano para comenzar a llamar a cada uno y citarlos a las dos de la tarde de ese día. Cuando llegó a la librería, allí la esperaba Rebeca con dos cafés en la mano.

-Qué amable están hoy. Qué lindos.

Antes que Rebeca le preguntará el por qué decía eso, Giselle le explicó:

-Rafa también me regaló un café.

Ambas rieron y entraron.

-Hoy estoy convocando a todos a una reunión urgente a partir de las dos de la tarde.

-¿Cómo vamos a hacer con las personas que entren en la tienda?

-No te preocupes, las personas que van a estar aquí esta tarde son las que deben de estar.

Giselle se quedó impresionada con su respuesta, no la pensó, solo salió de su interior.

-Llama a la respostería y pide algo para picar y tomar.

-Ok, pero, ¿me puedes decir cuál es el tema?

-Un tema que te va a dejar saber que vas en un buen camino. Después veras.

Transcurrió la mañana con mucho movimiento. Al llegar las doce, entró Javier con el almuerzo. Cerraron la puerta. Rebeca y Giselle comieron, pero sin mucho apetito, ya que ambas estaban emocionadas por la reunión. Una por querer saber y la otra por querer comunicar. A la una de la tarde sonó el timbre. Era el chico de la respostería con los entremeses y las bebidas. Arreglaron todas las cosas en una mesa y se dedicaron a estar en silencio cada una.

A las dos llegó Rafael y a partir de allí comenzaron a llegar todos los demás. Giselle estaba muy serena. Saludó a todos y se dirigió en busca de su té preferido. Todos se sirvieron algo y se sentaron. Giselle comenzó diciendo:

Queridos seres maravillosos, he pedido que vengan esta

tarde, ya que como todos saben, algo maravilloso nos unió en este camino e hizo que nos conociéramos para un fin. Estamos con un mismo objetivo y es el ayudar a despejar las nubes que no nos dejan ver nuestra verdad. Ayer en la noche pude despejar un poco más de nubosidad que no me permitía ver. En uno de mis silencios, ya acostada en la cama, pasó algo extraordinario en mi vida.

Tomó una pausa, un sorbo de té y prosiguió. Giselle iba relatando cada palabra como si en ese momento lo estuviera viviendo. Cada uno de los integrantes la observaba maravillado. Giselle no estaba ahí, estaba anclada en su avatar. Era increíble cómo cada uno de ellos también entraba en contacto con su avatar. Al terminar el relato, Giselle se percató de lo que su Ser le había dicho. Todos estaban en silencio, cada uno reflejaba en su rostro un inmenso amor. En sus caras se percibía paz y serenidad al poder recordar la verdad. Era como si les hubiesen quitado un peso de encima.

Andrea fue la primera que pudo gesticular palabras. Se puso de pie y comenzó diciendo:

-Gracias, Giselle. Qué maravillosa eres. Cuando estaba en coma, hubo algo que no lograba recordar y he estado todo este tiempo pidiéndole a Dios que ilumine ese momento. Tu relato ha hecho que recuerde esa vivencia con mi Ser superior. Eso mismo que viviste ayer, fue lo mismo que viví cuando estaba en coma, cuando estaba en silencio. Sabía que necesitaba encontrar algo perdido en mi vida y era esto. Gracias Dios porque a través de ti, me hizo recordar.

Giselle se quedó callada hasta el final.

Alberto prosiguió:

Andrea, no fuiste tú sola, también yo había vivido esa experiencia y la recordé cuando Giselle la narraba.

Cada uno se fue poniendo de pie y a su debido tiempo expresó lo mismo. Unos no entendían en qué momento habían vivido esa experiencia. Toda la información que traía Giselle era reconocida por todos.

Rafael, tomó la palabra por primera vez.

-Como todos saben solo tengo catorce años, pero les puedo decir que he estado esperando toda mi vida por este encuentro. Desde que tengo recuerdo, me he conectado con mi Ser y lo he tratado de comunicar en muchas oportunidades, como lo acaban de hacer cada uno de ustedes. Ahora comprendo que aquel no era el momento, el momento es ahora. Hace unos meses fui comunicado de este despertar. Mi Ser me contó sobre el libro mágico, sobre su autor, sobre ustedes, sobre mi mamá y sobre la frecuencia. Me dijo que a través de cada uno de nosotros íbamos a ayudar a recordar, como lo acaba de hacer mi mamá, como lo acabamos de hacer cada uno de nosotros. Este es el comienzo del nuevo despertar. Este es el momento de la renovación. Nos vamos a renovar y vamos a ayudar a otros. Somos como una oruga convirtiéndose en mariposa. Estoy muy feliz de haber creído y de no haber dejado que me quitaran mi verdad. Estoy muy feliz de ser parte de ustedes. Cuando escuché a mi madre hablar de su experiencia de transportarse al lugar donde por toda mi vida yo me transporté, eso hizo que mi corazón se llenara de amor. Gracias mamá por compartir esta verdad.

Giselle se sentía hechizada por las palabras de su hijo. Andrea tenía lágrimas en sus ojos. Laura totalmente enamorada y el resto en sintonía con las palabras de Rafael. Giselle, con una gran sonrisa en sus labios y una enorme paz y compasión, prosiguió a explicar lo que su Ser-Avatar le había dicho y el por qué la dejó recordar al despertar.

-A través de mi avatar pude ver a cada uno de sus avatares. Eran muy luminosos y hermosos. Cuando estaba anclada en mi Ser sentí la fe, el amor, la bondad y la verdad que había en cada uno de ustedes y me sentí tan feliz de poder conectarme a cada uno. Mi avatar me hizo ver de qué manera se puede ayudar a recordar a todos los seres humanos. Él me hizo sentir que si nos unimos con pensamientos de amor y compasión podríamos por medio de nuestras emanaciones de luz, transmitirles a todos ese amor y esa compasión. Me transmitió que si nos conectábamos a nuestra conciencia tomados de las manos, esa conciencia se iba hacer cada vez más poderosa e íbamos a contagiar de amor a todas las inconsciencias presentes transformándolas en conciencias divinas y devolviéndolas a su estado natural, la conciencia pura, el amor incondicional, la fe, y la paz. Me transmitió una gran verdad: la luz ilumina la oscuridad.

Rebeca sentía su corazón colmado de una sensación indescriptible de amor. Se sentía parte de todo lo que existe. Se sentía en una burbuja de agua volando por el aire. Estaba fascinada con la sincronía del universo, al dejar que estuvieran presentes solo las personas que debían estar presentes. Como le había dicho Giselle, ante su preocupación por no cerrar la puerta: "Las personas que van a estar aquí esta tarde son las que deben de estar". Qué bueno es saber la verdad. En el momento de la reunión, nadie acudió a comprar un libro o a preguntar algo. El universo conspira para que todas las cosas sean mágicas –se dijo Rebeca.

Giselle seguía explicando lo que su avatar le comunicó: todos los seres humanos habían estado en contacto con su avatar, solo que era olvidado cuando regresaban a su vehículo orgánico, por eso, si esa información era transmitida como lo a acababa de hacer ella, todos recordarían esa conexión. Su Ser-Avatar le transmitió, que cada persona que estuviera en busca de su verdad la iba a encontrar a través de su recuerdo. Le dijo, que cada uno de los presentes tenía esa misión: transmitir el amor incondicional a través de sus pensamientos. Todos se abrazaron y compartieron cada experiencia, al son de la risa, la felicidad, la comida y el té. Quedaron de acuerdo que en la próxima reunión iban a tocar el tema de las frecuencias. Ya eran las 7:00 p.m. y Giselle tenía un compromiso con Julián. Cuando se percata de la hora le dice a Rebeca y a Rafael:

-Encárguense de cerrar la tienda por favor, tengo una cita.

La cara de Rafael fue un poema, pero inmediatamente Giselle se dio cuenta y le dijo:

-Amor, la cita es con tu papá.

Rebeca y Rafael comenzaron a reírse a carcajadas y Giselle también.

14

EL REENCUENTRO

Aquellas personas que no estén dispuestas a pequeñas reformas, no estarán nunca en la fila de los hombres que apuestan a cambios trascendentales.

Mahatma Gandhi

Giselle llega a su casa, saluda a Greta y le dice: ya Rafa viene a pasearte, él no tarda. Se dirige a su cuarto feliz. Se quita la ropa, se mete a la bañera y se queda ahí un rato disfrutando de ese momento íntimo. El teléfono comienza a sonar y menos mal que lo había llevado consigo a la bañera. Contesta. Del otro lado escucha una voz conocida, pero a la vez era una voz diferente, calmada y agradable. Era la voz de Julián.

-¿A qué hora te gustaría que pasara por ti?

-En una hora está bien.

Acostada en su bañera, comenzó a imaginar su encuentro con Julián y de repente se dice: no. Esta vez no voy a imaginar nada. Mis guías van a estar cerquita y eso me basta. Siguió sumergida en el agua, pero esta vez sin pensar en nada. Esos momentos de silencios ya eran normales en Giselle.

Tocan el timbre. Greta ladra emocionada y avisa a su dueña. Giselle abre la puerta, dejando maravillado los ojos de Julián. Al verla, Julián recordó la primera vez que se topó con ella. Giselle se veía hermosa y colmada de felicidad. Cuando la abrazó, sintió que su corazón latía de la misma manera que también latió aquella primera vez. Sus ojos se posaron en ella y en ese momento pudo disfrutar el aroma que emanaba, era un aroma a cherry blossom y algo más que no supo describir. Era como una energía que no había sentido nunca al abrazar a nadie, ni siquiera a la Giselle de la última vez.

Greta no dejó que Julián siguiera poniendo en marcha a su imaginación y, se le fue encima, lamiéndolo por su cara y sus brazos. Era tanta la emoción que se orinó. Julián la abrazó y la besó con tanto amor que a Giselle se le salieron las lágrimas. Julián se encargó de limpiar la emoción de Greta.

-Me puedes dar unos minutos para bajarla a que camine un rato. No tengo corazón para dejarla ahora.

-¿Los puedo acompañar?

-Por supuesto.

Salieron a caminar los tres. En el camino, Julián sube su mirada y contempló el cielo iluminado por la luna llena, algunos planetas y las estrellas regadas por doquier.

-Te regalo este cielo.

-Gracias por este regalo tan sublime.

Ambos quedaron en silencio bajo el hechizo de la grandeza del universo. Siguieron caminando en silencio. A lo lejos divisaron un lugar al aire libre, muy bonito. Las mesas se veían iluminadas a la luz de las velas y a la luz de la luna. Se veía realmente romántico.

-Me encantaría sentarme y tomar algo aquí.

Julián voltea y ve a Greta.

-Claro.

-Señorita. Una mesa para tres por favor.

Todos rieron. Julián pidió dos copas de vino de la marca que le gusta a Giselle. Ella se sintió contenta al ver que su ex esposo recordaba sus gustos. Giselle pidió algo de picar. Transcurrieron las horas muy divertidos. De repente, Giselle se acuerda de Rafa y le comenta a Julián:

-Rafa debe de estar loco buscando a Greta. Él no se puede imaginar que la trajimos con nosotros. Ambos rieron. Julián busca su celular y llama a Rafa.

-Hola papá, ¿cómo están? ¿Estás con mamá?

-Estoy con las dos mujeres más bellas, tu mamá y Greta.

En ese momento se sintió un silencio al otro lado.

-¿Cómo es eso? –preguntó extrañado. No entiendo, ¿ustedes tenían una cita? Ja ja ja, se ríe.

-Vente hasta acá –dándole la dirección de donde estaban.

A los cinco minutos estaba Rafael parado enfrente de los tres con una sonrisa en su rostro. Terminaron la velada entre risas y carcajadas. Fue una noche preciosa. Julián los acompañó a la casa y después siguió su camino feliz.

Pasaron los días rápidamente. Giselle casi no veía a Rafael a causa de esa investigación, pero Giselle estaba feliz de ver cómo su hijo estaba en armonía con lo que deseaba ser. Por otro lado, Tanya y Alberto estaban en la misma situación que Giselle, ya casi no veían a su adorada Laura. Sin embargo Rebeca asistía como de costumbre a su trabajo solo que a la hora del mediodía salía corriendo a reunirse con Paco y los chicos.

Llegó el afamado día de la reunión. Rafael había llegado el día anterior a la media noche a su casa en compañía de Paco. Creo que esa noche el chico no durmió de la emoción. Esa mañana transcurrió ajetreada como de costumbre. Rafael llegó a la hora de almorzar y Giselle compartió su almuerzo con él. Rafael se veía tan feliz, tan en paz, que creo que no necesitaba de más nada. Rebeca reía y reía.

Todos los integrantes del grupo llegaron a la tienda dos horas antes de lo previsto. Giselle reía de emoción. Paco apareció con un grabador y un proyector en compañía de su laptop. Laura traía en sus manos un cuenco de cuarzo enorme y sus padres la ayudaban con otros un poco más pequeños. Rafael y Rebeca tenían una pizarra que servía para proyectar la información que traían en la laptop.

Como siempre, cada quien trajo algo de comer y de beber. Andrea ayudaba a Paco con unas velas aromáticas y algunos aceites esenciales para ambientar el lugar. Giselle seguía atendiendo a sus clientes quienes estaban deseosos de saber qué se iba a presentar esa tarde, pero ninguno tuvo el valor de preguntar. Pasó el tiempo y a las cinco de la tarde Rebeca le hace la misma pregunta de siempre a Giselle:

-Giselle, ¿cerró la puerta?

-No. Aquí van a estar los que deben estar.

Rebeca le hace caso y se dirige en compañía de su grupo a preparar el salón para comenzar su presentación.

En medio de la sala, Laura coloca una manta en el piso y encima siete cuencos de cuarzo. Antes de comenzar, camina de un lado a otro, de repente se detiene al frente de todos, cierra sus ojos por unos instantes y al abrirlos comienza su presentación:

"Los cuencos de cristal de cuarzo constituyen una nueva dimensión dentro del mundo de la vibración y el sonido."[3]

En ese momento de la presentación, entra a la tienda Julián, que estaba en busca de Giselle. Camina y se da cuenta de la intervención que estaba teniendo la chica y decide no hacerse ver, se queda en una esquina de los anaqueles y con mucho cuidado se sienta en la alfombra. Nadie se da cuenta de la presencia de Julián.

"Los cristales de cuarzo pueden vibrar u oscilar de una forma regular y tienen una estructura molecular interna en espiral (muy similar a la del ADN). Esto hace que los cuencos de cuarzo tengan unas propiedades sonoras únicas. Producen una onda sinusoidal pura y crea un sonido multidireccional que se expande hasta un kilómetro de distancia y puede durar varios minutos antes de extinguirse. El sonido parece que va de un oído, y luego al otro, luego detrás, más tarde parece que viniera del suelo. "Es un sonido envolvente natural", según Gaudry Normand. "Este sonido pasa a través de nuestro cuerpo y nos hace vibrar"." [4]

No quiero seguir hablando sobre las cualidades que describen los expertos, quisiera que cada uno de ustedes pudiera vivir y sentir la vibración y los beneficios de cada uno de ellos. A continuación les voy a pedir que cierren sus ojos y sientan cada sonido, cada vibración que emiten estos cuencos maravillosos.

Laura se dirige hacia los cuencos y se sienta en la manta. Al cerrar los ojos, Giselle se da cuenta de un aroma conocido para ella. Abre los ojos y ve que al otro extremo de la librería se encontraba sentado en el piso Julián. A ella no le sorprendió, se dijo: gracias Dios por tantas bendiciones.

Giselle cierra sus ojos en acción de gracias y comienza a escuchar un sonido indescriptible. Sentía cómo su corazón se expandía, sentía como si su espíritu se moviera dentro de ella. Julián no entendía lo que sentía, era como si estuviera revolcándose en un amor indescriptible. Paco volaba y sentía que su cuerpo no existía, solo estaba su espíritu en ese momento. Alberto lloraba de felicidad mientras Tanya estaba en éxtasis. Rebeca estaba realizando movimientos al son de la música. Andrea recordó que ese sonido era el mismo que escuchó cuando estaba a punto de nacer y Rafa estaba poseído por el sonido. Al terminar de tocar la hermosa melodía, todos abrieron sus ojos en señal de satisfacción, quedan sumidos dentro de una burbuja de jabón.

Cada uno de estos cuencos trabaja con una vibración destinada a cada chakra de nuestro cuerpo. Cada uno de ellos es una nota musical, el cual armoniza cada rueda de nuestro cuerpo –comenta Laura para terminar.

Francisco sale de su nirvana y se prepara en conjunto con Rafael para exponer su parte. Al frente de todos posaba un niño de catorce años en compañía de un hombre de cuarenta y cinco. Ambos se veían con tanta seguridad, que parecían catedráticos de una universidad reconocida. Julián estaba disfrutando esa escena, su rostro reflejaba tanto orgullo por su hijo y por su mejor amigo.

Toma la palabra Rafael.

Hoy es un día muy importante para mí. He estado esperando por mucho tiempo este momento. Ahora estoy aquí parado al frente de ustedes y me parece un sueño. Todos saben de alguna manera sobre mis encuentros con mi Ser superior y qué a través de él he podido entender un poco sobre lo que somos y cuál es nuestro propósito en la Tierra. Mi Ser superior enfatizó mucho sobre la seguridad que deberíamos de tener en ser hijos de Dios. No este dios, el cual han distorsionado con la creencia de nuestra separación. Me dijo que los pensamientos son vibraciones de amor o de desamor. Me dijo que deberíamos estar atentos a esas vibraciones que son las únicas que nos iban a mostrar los pensamientos que deberíamos alojar en nuestra mente y los que no. Estas vibraciones que deberíamos alojar en nosotros eran las que nos iban a hacer sentir en unidad y que esa unidad nos iba a hacer sentir que estábamos en casa. El juzgar a cualquier ser humano nos hace bajar nuestra vibración, ya que al hacer esa acción nos separa. ¿Cómo la íbamos a desvanecer? –pregunté y me respondió: con el perdón. Hubo muchos contactos a lo largo de mi vida. En una oportunidad me comunicó sobre una grabación importante que estaba en poder de mi padre, pidiéndome que lo escuchase. Yo, con todo respeto, tomé la grabación del maletín de mi padre y la reproduje.

Giselle voltea la mirada hacia donde estaba sentado Julián quien vio a Giselle y con un gesto de amor le hizo una mueca: "está bien".

Al oír la grabación, pude comprobar lo que mi Ser superior me transmitió. La grabación no era de esta dimensión. Era un sonido extrañísimo. Cuando coloqué la cinta, sentí cómo mi espíritu se conectaba a esa frecuencia, sentí cómo mi cuerpo subía a esa misma frecuencia. Mi espíritu se despegaba de mi cuerpo y viajé a un lugar fuera de la Tierra en compañía de mi Ser superior; al estar en ese lugar... Disculpen. Donde estaba no había lugar, ni tiempo, solo había una sensación de felicidad plena, de amor puro, de éxtasis. En ese viaje se aclararon muchas cosas en mi vida y me dio fuerza para seguir viviendo esta verdad y aunque tuve en mi entorno muchas situaciones que a veces hacían que me perdiera, pudo más la fe. No sé si mi padre se haya detenido a escuchar la grabación, lo que sí sé es que él fue copartícipe de esto.

Al otro lado se encontraba Julián escuchando cada palabra llena de conocimiento que expresaba su hijo y allí también se encontraba Giselle con el corazón colmado de amor y respeto hacia él. Julián decidió seguir incógnito.

Rafa le dice a su público:

Quisiera compartir esta experiencia con ustedes y dejar que cada uno pueda sentir y viajar a ese lugar maravilloso a donde he ido todo este tiempo desde que lo descubrí. A continuación desearía que cierren sus ojos.

Rafael toma la cinta de su bolso y la coloca en el grabador.

Cada quien estaba listo para escuchar y viajar. Rafa le da "play" al reproductor y se dirige a una silla. Julián cierra sus ojos. La grabación duró veinte minutos, que se hicieron treinta, ya que cada uno de los integrantes seguía con sus ojos cerrados. Parecía que lo que se veía allí en las sillas eran unos disfraces sin espíritu. Poco a poco fueron regresando a sus cuerpos, hasta el agnóstico de Julián. Ninguno del grupo decidió pronunciar palabra, solo una persona decidió pararse del piso y dirigirse al frente de todos los integrantes. Solo tres personas conocían al personaje. Al estar frente a todos y con una mirada fija hacia su hijo, Julián toma la palabra. Primero se presenta.

Rafael vio a su padre justo al frente de él con una expresión diferente. De alguna forma, sentía ante él, ese padre con el que siempre soñó. Giselle estaba tan emocionada en conjunto con Paco. Cada quien estaba en la expectativa esperando las palabras de aquel hombre que nadie conocía en persona, pero que todos conocían por referencia. Solo se oyó la voz de Frank que dijo algo muy gracioso para todos: quisiera recordarles lo que un día dije en este mismo lugar: "el día que vea a mi querido amigo Julián sentado en una de estas sillas, ese día voy a decir que ha ocurrido un milagro". Todos sonrieron, incluyendo Julián.

Hace mucho tiempo, cuando el CD ya existía, pero aun no nos queríamos despegar de la grabación por medio del casete, mi grupo y yo estábamos haciendo una depuración de un patrón radioeléctrico encontrado por medio de una antena hacia el espacio. En ese tiempo llevábamos varios días sin dormir, esperando la conexión que un mes antes habíamos conseguido. La señal radioeléctrica que pudimos captar, había sido muy corta, ya que la señal desapareció súbitamente y no nos daba la certeza de que proviniera de alguna entidad inteligente fuera de nuestro planeta. Sin embargo, no dejamos de insistir en que esa conexión se diera y así fue. Emocionados por el hallazgo, decidimos inmediatamente depurarla. Hicimos tres copias y una de ellas la llevé en persona a mi superior. Mi jefe de ese entonces, escuchó la grabación entendiendo la importancia de la misma. Me pidió un informe que avalara el proceso que utilizamos para conseguirla. Lo hice de inmediato. Mi grupo y yo estábamos tan felices de haber descubierto que existía una fuente de transmisión inteligente fuera de nuestra Tierra. Ese día, a pesar de no haber dormido por días, hicimos una gran fiesta. Fue un momento maravilloso el estar en contacto con esa fuente. Al día siguiente, mi jefe me convoca a una reunión donde estaban los jefes de mi jefe y personajes de muy alta jerarquía. Estaba tan contento del hallazgo, que esa misma felicidad hizo que no me diera cuenta de la actitud de los integrantes de la reunión. Mi jefe, me pide que dé una breve explicación de cómo ocurrieron los hechos. Al terminar mi relato, uno de los integrantes de la reunión, uno de alto cargo, me pidió que olvidara el hecho ocurrido, ya que no tenía fundamentos para creer en esa señal y menos que dieran lugar a pensar que existiera vida fuera de nuestro planeta y que si eso fuera así, nuestra población no estaba preparada para conocer de ese hallazgo. Yo no podía creer lo que mis oídos estaban escuchando. Volteé la mirada hacia mi jefe y el jefe de mi jefe, los cuales sabían que esa grabación era la prueba de que lo que estaba diciendo era cierto. Ellos, con una mirada esquiva, no pudieron enfrentarme. Yo sentí como si me estuvieran tirando un balde de agua helada, al ver que todos estaban de acuerdo con el sujeto. Decidí guardar silencio. El señor, el de la alta jerarquía, me pidió sin remordimientos lo siguiente: lo que se habló aquí y toda la evidencia antes expuesta quedará olvidada dentro de esta habitación, y me pidió que le entregara toda la evidencia en sus manos. Por supuesto que eso no ocurrió así.

Mi grupo y yo estábamos asqueados de lo sucedido. Sin embargo, a pesar de la ira que sentimos, hicimos caso de no divulgar lo sucedido. Bueno, por lo menos eso era lo que había creído. Hoy mi hijo me ha dado una lección. Él, aunque no sabía de esta historia, escuchó su corazón. No sé, ni tampoco entiendo, cómo sucedió esa revelación sobre el paradero de la cinta, pero les puedo dar las gracias a esa conexión que hizo que esto después de tanto tiempo saliera a la luz. Como dato curioso esta grabación fue hecha un veinticinco de diciembre a las ocho y treinta y cuatro de la noche. La fuente fue ubicada en algún lugar de la constelación de Orión. Es de hacer notar que en esa fecha Sirio se observa como una estrella muy brillante y alineada con las tres estrellas del Cinturón de Orión. ¿Casualidad? ¿Les suena algo a los Tres Reyes Magos siguiendo a la estrella guía? Cosa que se repite en las historias de múltiple religiones.

La grabación escuchada corresponde a la señal luego de la primera depuración; esto es, luego de la extracción o eliminación de una capa de estática, cosa común cuando uno escucha el espacio.

La señal que aparece, misteriosamente, coincide aparentemente con un sonido que pareciera un cántico medieval, sin embargo, los instrumentos son indescriptibles. ¿Han escuchado ustedes "la música" que surge al arquear un serrucho pasándole un arco de un violín? Está entre eso y una flauta dulce.

Este sonido tiene características tales que influyen en nuestras conexiones sinápticas y puede producir episodios hipnóticos o algo similar a efectos alucinógenos. Lo más interesante fue descubrir que entrelazado con este sonido existe, aparentemente, un patrón digital definido. Mis colegas, más de uno especialistas en criptología y simbología, llegaron a comentarme que era posible que ese patrón describiera todo un álgebra basado en notación octal.

El rostro de Paco palideció súbitamente. Su frente sudorosa reflejaba un profundo asombro. Había visto al peor de los fantasmas. Julián trató de aclarar un poco más lo que había dicho. Un álgebra no es más que la formalización "matemática" de un concepto. Parte de unos dogmas conocidos como axiomas. Digamos que son los principios básicos que se consideran ciertos sin necesidad de demostrarse. A partir de estos axiomas se generan otras conclusiones, y de estas conclusiones, otras más complejas. De ahí salen desde las religiones a cálculo numérico. Para facilitar su definición generalmente utilizamos símbolos, tales como números, letras y otros garabatos que representan funciones tales como la suma, la multiplicación y los símbolos de cálculo integral. Estos símbolos también pueden representar lo que llamamos predicados. "Si mañana llueve, el piso estará mojado", el predicado en este caso se condiciona al hecho de que mañana llueva. Estamos afirmando que si llueve se moja, si no llueve, no podemos decir si estará o no estará mojado. Sí les puedo decir, que hay un mensaje que no hemos podido descifrar. La fantástica exposición de Julián, solo llegaba parcialmente a los escuchas. Mi grupo removió la estática que quedó de la música inspiracional (por llamarlo de alguna forma) y enredada en sus frecuencias hay otras frecuencias que pueden ser un mensaje codificado en una forma especial.

-¿Qué dijiste? -exclamó Paco con la mirada perdida y aspecto de loco. ¿Qué sistema de numeración dijiste? Julián se quedó impávido ante la reacción de Paco, sintiéndose como quien grita una grosería en mitad de la ópera. Sólo alcanzó a decir, casi susurrando: octal, Paco, Octal. Paco se pasó la mano por el cabello y exclamó como regañándose a sí mismo: ¡Claro, coño! ¡Octal! Todos quedaron un poco extrañados con la reacción de Paco, pero nadie dijo nada al respecto.

-Estas son las conclusiones que da un científico, no quiere decir que sea la verdad –concluyó Julián. Giselle y el resto quedaron despavoridos con la última declaración que había hecho Julián.

De pie se encontraba Paco y su compañera de presentación Rebeca, muy emocionados.

-Gracias Julián, por tu aporte tan preciso y tan lleno de conocimiento. Estamos muy complacidos con tu presencia –dice Paco.

-De nada. Gracias a ustedes por escucharme –expresó Julián con humildad.

En eso, todos se pusieron de pie y aplaudieron en señal de aceptación.

-Mi compañera y yo –dice Paco, tenemos un material gigantesco sobre las frecuencias y si quieren les podríamos dar un breve recuento de lo que significa esto. Antes, queríamos decirles que al escuchar los cuencos, la exposición de Rafa y la exposición de mi hermano Julián, a mi compañera y a mí nos vino una idea de esas que vienen con vibraciones como dice nuestro amigo Rafael. Algo nos dice que la respuesta de nuestra inquietud como seres humanos, al no entender el por qué tenemos que sufrir en este cuerpo, si pudiéramos ser feliz sin más complicaciones, está en cada uno de nosotros.

-Esas respuestas las hemos tenido al frente de nosotros y no las hemos podido ver –añade Rebeca-. Esa respuesta puede ser muy fácil, pero muy difícil de entender. Por eso les sugerimos que debiéramos darnos un oportunidad, para meditar al respecto. Esperemos que cada uno de nosotros pueda encontrar una parte de esa verdad que pudiera estar en el libro mágico y dentro de cada uno de nosotros mismos. Somos las piezas de ese rompecabezas y por eso estoy segura que estamos cerca. No puede ser tan complicado. No puede ser más de lo mismo. Humildemente deberíamos buscar muy dentro de nosotros y después expresarnos.

Todos estuvieron de acuerdo con las palabras de Paco y Rebeca. Julián estaba en un mundo al cual él creía que no pertenecía, pero se sentía muy bien de estar ahí. Cada quien se fue a tomar y a comer algo. Paco toma la mano de Andrea y la besa. Julián lo observa y con una mueca le dice que se la presente. Paco reía por la desesperación de Julián en conocer a Andrea.

-Julián –le dice Paco, te presento a la mujer de mi vida. Andrea con una sonrisa le da la mano a Julián y le planta un beso.

-Mi amor, Giselle, Rafael, Julián y yo nos conocíamos. Yo era la psiquiatra de Rafael. ¿Me recuerda, Julián? Julián no se acordaba de la doctora, pero al decir que era la psiquiatra de Rafa la pudo identificar.

-¡Qué pequeño es el mundo! –exclamó Julián.

Cada uno se despidió. Cada quien tomó su rumbo. Julián llevó a Giselle y a su hijo hasta su casa y después se retiró a la suya.

15

LA RENOVACIÓN

No se nos otorga la libertad externa mas que en una medida exacta en que hayamos sabido, en un momento determinado, desarrollar nuestra libertad interna.

Mahatma Gandhi

Los días lunes, martes, miércoles y jueves pasaron rapidísimo. La tienda permanecía con mucha gente, la cual estaba sintiendo el llamado de la conciencia. Llegaban personas de muchas partes a conversar sobre temas hermosos. Temas sobre el amor. La mañana siguiente, viernes, cada quien tomó su camino. Rafael para su colegio y Giselle para la librería, sabiendo de antemano, que ese día era el mejor de sus vidas. Muchos meses habían pasado desde aquel 28 de abril. Ya llegaban los días cercanos del fin de año y todos los participantes del grupo continuaban "recordando".

Transcurrió ese viernes del 21 de diciembre, como siempre, con mucho volumen de gente dentro de la librería. Como a eso de las cinco y treinta llegaron los integrantes de La Renovación. Cada uno de ellos llevó entremeses y té para compartir. Ese día era muy importante en sus vidas. Era el equinoccio de invierno. Un día de transición esperado por muchos.

Giselle les sonríe y abraza a todos. Se sientan. Toma la palabra Alberto.

-Durante el día de ayer, después de muchos meses de nuestra última exposición, Tanya, Laura y yo, nos dirigimos a casa sin pronunciar una palabra. Cada uno de nosotros sabía que no debíamos hablar y sólo debíamos seguir disfrutando de ese momento. Al despertar, a la mañana siguiente, muy temprano, me dirigí a la cocina encontrando a Tanya y a Laura con unas tasas de café incluyendo la mía y fue en ese momento que compartimos lo sucedido. Los tres coincidimos que esta experiencia que hemos vivido con ustedes y el libro mágico, ha hecho que entendamos que la verdadera enseñanza en todo este proceso de aprendizaje ha sido entender que somos Uno como dijo el avatar de Rafael. Entenderlo nos ha llevado a estar más en el presente y estar más en el presente nos ha hecho observar esos pensamientos que vienen de vez en cuando para atormentarnos. Aunque las apariciones de esos pensamientos aterradores han sido menos frecuentes, llegamos a una conclusión y queríamos compartirla con ustedes. Estamos seguros que debemos trabajar minuciosamente en este proceso para así poder entender el por qué, a pesar de todo lo que hemos aprendido, aun esos pensamientos no se han ido. Sé que si no encontramos la respuesta, esta situación no nos dejará avanzar.

Cada uno se queda meditando sobre la gran verdad que acababa de expresar Alberto. Laura camina al frente y pide unirse en silencio. Dice lo siguiente:

-Debemos conectarnos espiritualmente, esto es los que nos va a ayudar a saber qué debemos hacer.

En eso Giselle le pide a Rebeca:

-Por favor, cierra la puerta y coloca el letrero de "cerrado".

Se sentaron todos en el suelo. En círculo. Giselle dio a cada uno un cojín y colocó el casete de las frecuencias y un despertador el cual sonaría al cabo de una hora. Cada quien se fue relajando a su tiempo. Cada uno llevaba en el cuello la Moldavita y el símbolo. Todo estaba listo para entrar en el mundo real.

Andrea pidió a su Ser que la guiara introduciéndose a lo más profundo. Rebeca inmediatamente se entregó a su silencio. Cada uno hizo lo mismo. Rafael de inmediato se conectó llegando a un sitio precioso. En ese sitio no había normas que seguir, era un lugar donde nunca había estado antes. Sigue flotando y de repente su visión se oscureció. No lograba ver nada aunque ello no le preocupaba. Estaba tan ligero, sin nada que le produjera angustias. Flotaba en un espacio sin gravedad, se sentía muy bien. En esa convergencia de espacio-tiempo comienza a ver una silueta con muchos colores a su alrededor, se sentía maravillado al ver tan hermosos colores. Se acerca uniéndose a ella y sintiéndose fuera de su cuerpo físico. Al estar unido a su avatar comprendió que debía regresar a su cuerpo para complementarse con los demás. Estaba tan feliz de sentir que su avatar permanecería con él, que el acto de regresar a su cuerpo sería todo un privilegio. Tomó la mano de la persona que estaba a su lado y así la persona podía sentir la energía y la información que le enviaba Rafael, sin éste decir ni una palabra. Poco a poco todos estuvieron unidos. Todos estaban en la misma vibración, sincronizados por su resonancia, una sola fuente de energía, "un solo ser". Hablaban en silencio, con su conciencia, usando la telepatía y la energía que irradiaba UNO. La luz se fue introduciendo en cada uno y cada uno se hizo UNO y a través de UNO escucharon: son uno. No hay nada más. Lo que ven fuera de ustedes es una ilusión. Todo es uno con El Creador. No hay nada que temer. Son uno a la imagen y semejanza de Dios. Es el momento de despertar de este sueño. Entenderlo es muy fácil y difícil a la vez, pero sé, que con el amor desde sus corazones podrán contagiar el despertar de la humanidad, para que así se vuelvan uno con ustedes. Todos los que son uno, son "Dios". Tienen el poder de manifestar su amor a través de sus pensamientos. Cada día van a ser más y más los que sepan, que en realidad son UNO solo, hasta recorrer cada ciudad y cada continente. Después que esto ocurra no habrá lugar para la oscuridad, no habrá miedos, ni hambre en el planeta. Podrán ver a través de sus ojos internos el cielo en que todos quieren estar. La verdad, no es lo que sus ojos externos pueden ver. La verdad es la unidad. Somos uno con Dios y así debemos de vernos. Después que eso se entienda, ya no va a existir más separación y por ende va existir el amor. Van a vivir en el cielo aquí en la Tierra y van a entender que no hay dualidad que todo es UNO. No hay más nada, solo eso. No hay gurú, ni alguien que los guíe a encontrar su verdad. La verdad está dentro de ustedes. El que manda de ahora en adelante es su presente, el cual los va a llevar a estar pendientes de sus pensamientos de separación y allí van a estar para perdonar esa separación que los hace sentir dolor y al darse cuenta de ese dolor se perdonaran y perdonaran. Eso es todo lo que deben hacer. Los pensamientos cada vez que aparezcan van a estar cada vez más en unidad. Después de ese despertar, van a volver a conectarse a su verdadera fuente. No habrá más dolor. No habrá pensamientos del pasado, ni del futuro, solo existirá el ahora. No habrá miedo solo habrá amor y ese amor se volverá colectivo y todo ser humano lo sabrá y ya no habrá más competencias, solo igualdad. Este es el camino a la verdad.

En la meditación había UNO solo, era UNO solo en ese océano de felicidad. Todo se unió, traspasando los libros, la librería, las paredes, cada negocio, las casas, las personas de esas casas. Era una sensación hermosa. UNO traspasó Caguas, San Juan, todo Puerto Rico, el Mar Caribe, Venezuela, y se fue uniendo a todos los continentes y todo lo que se sentía separado se unió y así recorrió todo el globo terráqueo, los planetas, los soles, las estrellas y todo lo que estaba vivo lo sintió, lo envolvió dentro de sí, y lo convirtió en UNO.

Al terminar la meditación, poco a poco, todos fueron saliendo de la conexión entablada con su fuente. El primero en desconectarse fue Paco, quien se veía nuevo. Su rostro reflejaba mucha paz, sus labios mostraban una sonrisa angelical. Así fue saliendo Rebeca, Andrea, Tanya, Laura, Giselle y Alberto. El último en salir fue Rafael, quien emanaba una felicidad indescriptible. La librería se sentía como la nave principal de una iglesia gótica. El aire se sentía cristalino, puro. Las palabras se ovillaban en silencios ignotos para luego reverberar como ecos difusos. La vida de cada uno, luego de aquella vivencia extraordinaria, fue tomando su cauce cotidiano, aunque para ellos, la existencia jamás sería la misma. Se convirtieron en seres diferentes, sí, son seres diferentes. Quizás sería mejor decir que eran cuerpos físicos en un solo espíritu y ahora sabían que eran espíritu en un cuerpo físico. ¡Qué diferencia! Todos comenzaron a reflejar al exterior situaciones mágicas que coincidían con lo que habían logrado sanar en su interior. Todo resultó tan prodigioso que, en el caso de Giselle, exteriorizó desde su interior ese amor que inundó a todo lo que estaba cerca de ella. En los próximos días Julián sintió esa oleada de energía cubierta de amor que lo hizo estremecer, solo faltaba que pudiera responder a la pregunta que su amigo Paco un día le hiciera: ¿Qué quiere Julián?

Así fue, así es y así será.

Notas

RECONOCIMIENTO

Llegué desde el fondo de mi alma y mi corazón:

A mis padres, por apoyarme, creer en mí y dejarme libre para que decidiera quien quería ser.

A mi Ser superior, quien me guió para que encontrara toda esa verdad dentro de mí.

A José, mi esposo, por su verbo, quien me inspiró con el personaje de Julián y por contribuir con su conocimiento científico.

A mi querida hija María Fernanda, por su creatividad innata quien hizo que la portada de este libro mágico fuera una realidad.

A Eunice Camacho, por su ayuda en el prefacio y con Giselle.

A Elsa Castellanos, Dios y el universo entero la colocaron en mi camino para que todo esto se materializara.

A todos los seres maravillosos que estuvieron a mi lado dándome su amor y su apoyo en los momentos de fragilidad: Marilyn, Alexia, Marisol y Kenneth.

Y, sobre todo, a Ustedes, que me dan la oportunidad de aproximarme a su corazón y su ser interior.

¡Que Dios los bendiga a todos incluyendo a mi Greta, a mi Sofía, a mi amado país Venezuela al que quiero con todo mi corazón y a este mi segundo hogar, mi Puerto Rico del alma!

NOTAS DEL AUTOR

1,2,3.
Parte del texto relativo a la piedra Moldavita, fue extraído de la página de internet www.huellas.com

3.
El texto correspondiente al anécdota contada por Tanya está inspirado en escenas contenidas en la película Ghandi, que Richard Attenborough realizara en 1982

4.
Parte del texto relativo a los cuencos de cuarzos, fue extraído de la página de internet: www.antarsinapsis.com

NOTA BIOGRÁFICA

Rocío Y. García Suárez, en su largo camino por encontrar respuestas relacionados con la sanación a través de energía, se formó como Máster Reiki y se certificó como activador del templo Craneal en Estados Unidos. Sus estudios han estado orientados básicamente en el comportamiento del ser humano, entendiendo que todas las respuestas están dentro de sí mismo encontrando la mejor manera de ayudar a que las puedan recordar.

Oriunda de Venezuela, actualmente vive en Puerto Rico junto a su esposo y su hija. "Todos somos uno", declara.

∞

Notas

Nota. Este símbolo es una creación del equipo asesor de este proyecto literario.

Va a ser muy significativo en los futuros libros que representarán la continuación de esta historia.

Si observan la figura, hay una representación de la letra PHI (vigésimo primera letra del alfabeto griego, equivalente a la letra f de nuestro abecedario). Phi ha sido asociado, en muchos documentos o tendencias como el número de la perfección, como el radio dorado de la naturaleza (valor aproximado 1.618033988749)

En la figura, nuestra interpretación de la letra Phi, está contenida en una especie de círculo interrumpido. Esto pretende representar que la aventura en pro de la búsqueda de la perfección debe ser hecha en el interior y no en la forma o apariencia externa de las cosas, los seres y, en fin todo lo que nos rodea.

Nos vemos en nuestra próxima aventura.

Notas

Notas

Made in the USA
Middletown, DE
07 January 2023

21638992R10136